U0593489

中国
信息化城市
A发展指南
(2012)

A Guide
to the Development
of China Informatization
City (2012)

《中国信息化城市发展指南》编写组

经济管理出版社
ECONOMY & MANAGEMENT PUBLISHING HOUSE

图书在版编目（CIP）数据

中国信息化城市发展指南（2012）/《中国信息化城市发展指南》编写组. —北京：经济管理出版社，2012.1

ISBN 978-7-5096-1678-9

Ⅰ. ①中… Ⅱ. ①中… Ⅲ. ①城市—信息社会—中国—指南 Ⅳ. ①G201-62 ②C912.81-62

中国版本图书馆 CIP 数据核字（2011）第 239500 号

出版发行：**经济管理出版社**

北京市海淀区北蜂窝 8 号中雅大厦 11 层

电话：(010)51915602　　　邮编：100038

印刷：北京广益印刷有限公司　　　　经销：新华书店

组稿编辑：徐　雪　　　　　　　　责任编辑：徐　雪
技术编辑：黄　铄　　　　　　　　责任校对：超　凡

720mm×1000mm/16　　　　　　18.5 印张　　225 千字
2012 年 1 月第 1 版　　　　　　2012 年 1 月第 1 次印刷

定价：48.00 元

书号：ISBN 978-7-5096-1678-9

《中国信息化城市发展指南》编写组

指导专家

徐　愈　　周宏仁　　高新民　　杜　平　　肖金成

侯永志　　潘家华　　魏后凯　　胡小明　　庄梓新

安筱鹏　　童腾飞　　顾德道　　神志雄　　赖茂生

汪向东　　吕本富　　倪鹏飞　　窦　红　　柳　絮

李继刚　　杨冰之

项目组长

张新红

项目成员

于凤霞　　刘厉兵　　唐斯斯　　杨道玲　　刘绿茵

武　锋　徐　策

前　言

　　亚里士多德曾经说过，人们之所以愿意来到城市，是为了生活得更好。2000多年过去了，人类走过了农业社会、工业社会，已经进入信息社会，城市也正在完成从政治中心、经济中心向信息中心的演变，但城市发展的主旨和目标一直都没有改变。2010年，世界博览会在中国上海举办时，其主题"城市，让生活更美好"依然是那么鲜亮、贴切和令人振奋。同年，世界电信和信息社会日以"信息通信技术让城市生活更美好"为主题，更是让人们对信息化城市建设充满了热情和期待。

　　自从城市出现以后，城市发展就成为人类社会发展的主导力量，而技术革命一直是贯穿其中的主线，发挥着支撑和引领作用。当今社会，以计算机、网络和通信等为代表的现代信息技术正以前所未有的发展速度、应用广度和影响深度，深刻改变着人们的生活内容、生活方式和生活品质，也在全面影响和改变着城市的发展模式和演变轨迹。对于大多数城市居民而言，从广播、电视到移动电话、互联网，离开信息技术的生活已是不可想象的事情。政府、企业运作的各个环节的信息化水平都在不断提高。智能建筑、智能交通、新型节能和废弃物管理方法层出不穷，人们运用信息技术以新的方式驱动着我们的城市向前发展。

　　2008年全球经济危机爆发以来，信息技术革命正在孕育新的重大突破，新一代移动通信、下一代互联网、物联网、云计算、智慧地球等一系列创新应用风起云涌，为城市发展带来了新的动力和活力。以"智慧城市"为代表的信息化城市建设在全球范围内正在掀起新一轮高潮。

我国正处在从工业社会向信息社会过渡的转型期，城市化进程也处在加速期，地区间、城市间发展水平和特点差异很大，信息化城市建设既会面临十分难得的发展机遇，又会面临更多的压力和挑战。近年来，我国有很多城市将建设数字城市、智慧城市纳入了中长期发展规划，一些城市已经率先制定实施了专门的战略规划和行动计划。

鉴于信息技术革命的进程远未结束，人们对其可能带来的影响的认识还不够清晰，目前世界各国的信息化城市建设尚在探索过程中，因此无论是技术发展、理论研究还是实践经验都还不够成熟。对于每一个城市而言，积极稳妥地推进信息化城市建设，都需要深化研究和深刻认识人类社会发展规律、技术革命和信息化发展规律以及城市自身发展规律。对于我国的大多数城市而言，更需要在处理高度重视与冷静对待、抓住机遇与防范风险、鼓励创新与扎实推进、促进经济发展与保障社会和谐、重点突破与全面推进等多重矛盾的过程中选择好平衡点和突破口。

在城市发展的进程中，人既是原因又是结果，既是动力又是破坏力。我们现在怎么决策，将决定会给子孙后代留下一个怎么样的未来。

《中国信息化城市发展指南》由工业和信息化部信息化推进司委托国家信息中心及专家组联合编写完成，旨在通过全面阐释信息化城市的基本内涵，建立信息化城市发展战略的基本框架，描述发展路径和推进策略，推广信息化城市建设经验，引导和推动信息化城市科学发展。

《中国信息化城市发展指南（2012）》以新一轮信息化城市建设热潮为背景，立足当前，面向未来，在总结和分析国内外实践的基础上，阐述了信息化城市发展基本理论，对信息化城市发展过程中可能面临的问题进行了全面解读，重点回答了信息化城市是什么、为什么、做什么、怎么做等基本问题，并提供了部分城市的实践案例。随着理论与实践的深入发展，《中国信息化城市发展指南》的内容也将进一步丰富和完善。

《中国信息化城市发展指南》编写组

2011 年 12 月于北京

目　录

案例选编

第一章 什么是信息化城市？

※ 人类已经进入信息社会

※ 城市将逐渐演变成信息化城市

※ 信息化城市成为社会的政治中心、

　经济中心和信息中心

※ 信息化城市具有 4 个基本特征和 8

　个表现特征

城市的兴起与发展是人类社会的巨大进步，是社会经济发展到一定历史阶段的必然产物，也是经济社会发展的动力和源泉。人类已经进入信息社会，我国正处在从工业社会向信息社会的转型过程中，建设信息化城市是历史的必然选择。

一、信息革命与信息化城市

自从城市出现以后，城市发展就成为人类社会发展的主导力量，而技术革命一直是贯穿其中的主线，发挥着支撑和引领作用。当今世界，信息革命正在推动人类社会出现重大变革，也在日益改变着城市的功能、形态、发展模式和演变轨迹。在人类走过农业社会、工业社会进入信息社会的过程中，城市的功能也将完成从政治中心、经济中心向信息中心的转变。

1. 信息革命

以计算机、网络和通信等为代表的现代信息技术的飞速发展和广泛渗透，对人类经济和社会发展产生了变革性的影响，这就是人们通常所说的信息革命。

现代信息技术是一个内容十分广泛的技术群，它涵盖了与信息的生产、获取、显示、传输、存储等相关的所有领域，如电子技术、计算机技术、通信技术、网络技术、感测技术、控制技术、显示技术、存储技术等。

现代信息技术之所以能够成为当今社会最活跃的生产力，是因为它拥有其他技术从未有过的发展速度、应用广度和影响深度。

专栏 1-1

摩尔定律与现代信息技术的飞速发展

1946 年，世界上第一台具真正意义上的电子计算机 Eniac（见图 1-1）问世，除了它运算速度号称比传统机械计算器快 1000 倍外，令人瞩目的还有它的体积和重量。据记载，Eniac 体积约有 65 立方米，重 27 吨，占地 167 平方米，总成本 50 万美元（相当于 2010 年的 600 万美元），每小时要耗电 150 度。

1965 年 4 月，Intel 公司创始人之一戈登·摩尔发表文章称，计算机芯片的性能每年增加一倍，而制造成本也会相应减少。1975 年他对该定律进行了修正，将性能提高的期限调整为每两年增加一倍。后来很多人根据实际发展情况证明，微处理器的处理能力大约每 18

图1-1 第一台电子计算机（Eniac）

个月翻一番。这就是著名的"摩尔定律"：当价格不变时，集成电路上可容纳的晶体管数目约每隔18个月便会增加一倍，性能也将提升一倍。

1971年，英特尔公司生产出的第一个微处理器芯片4004只有2300个晶体管。到1999年生产出的一个奔腾3芯片就含有950万个晶体管。今天，一个微处理芯片上已经可以包含10亿个晶体管。

资料来源：根据维基百科等相关资料整理。

从发展速度上看，摩尔定律（见图1-2）很好地揭示了信息技术的飞速发展轨迹。以计算机为例，体积越来越小，功能越来越强，而价格越来越便宜。第一台电子计算机大得人可以在机器内穿行，后来人们可以将它放在桌上，拎在手里，装在兜里，甚至可以戴在手腕上，置在血管中。现在任何一台微机在功能上都可以胜过1990年的一台超级计算机。初期的计算机只有政府和大型企业才能用得起，现在已成为人们普遍使用的生产和生活工具。

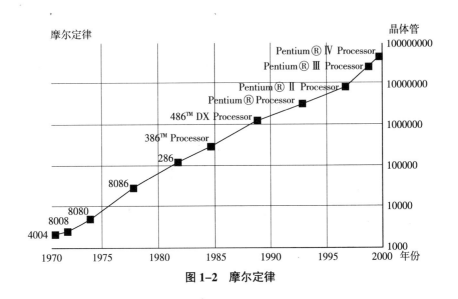

图1-2 摩尔定律

从应用广度上看，信息技术是典型的通用技术，可以广泛应用于经济、社会生活的各个领域、各个环节。

·从影响深度上看，信息技术的深化应用不仅改变着生产要素、生产方式和产品形式，而且改变着经济结构和社会结构。

2. 信息化

从生产力发展的角度看，技术革命引发经济社会变革一般要经过5个步骤（见图1-3）：①新技术出现；②新技术产业不断发展壮大，逐步成为先导产业；③新技术、新型产业不断向国民经济和社会发展各领域渗透；④生产力要素和结构发生重大变化；⑤经济、社会结构发生重大变化，新的社会形态形成。

信息技术的价值在于其能对经济、社会发展产生巨大的推动作用。利用信息技术促进社会发展的过程，就是人们通常所说的信息化的过程。

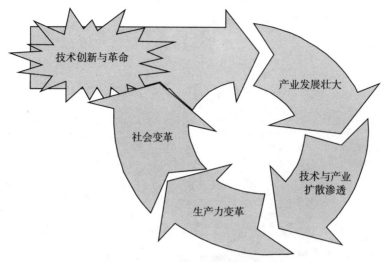

图1-3　技术革命引发社会变革

由于信息技术在不断发展，经济社会发展永无止境，所以信息化也只有起点没有终点，它只能是一个不断深化、不断提升的过程。

信息技术作为通用技术，具有较强的广泛渗透特征，几乎能在所有领域和环节得到深入应用，也因此便有了国家信息化、地区信息化、政府信息化、行业信息化、企业信息化、社区信息化、家庭信息化、城市信息化、农村信息化等。

当经济社会发展各个领域的信息化都达到一定的水平，生产力要素和经济社会结构发生重大变化的时候，人类便开始进入信息社会。

3. 城市信息化

信息技术在城市发展各个领域的不断深化应用，就是人们通常所说的城市信息化。由于信息技术在不断发展，所以城市信息化也是一个不断深化、不断提升的过程。当一个城市的信息化水平达到一定程度时，这个城市就成了信息化城市。

伴随新的信息技术出现和应用，城市信息化发展过程中出现过多种提法和概念（见图1-4）。

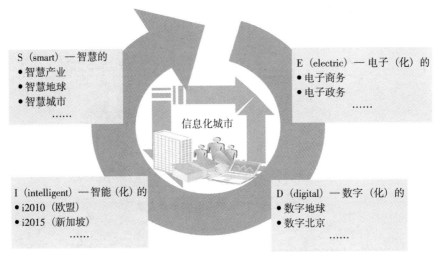

S（smart）—智慧的
- 智慧产业
- 智慧地球
- 智慧城市
……

E（electric）—电子（化）的
- 电子商务
- 电子政务
……

信息化城市

I（intelligent）—智能（化）的
- i2010（欧盟）
- i2015（新加坡）
……

D（digital）—数字（化）的
- 数字地球
- 数字北京
……

图1-4 信息化城市概念演变

20世纪90年代早、中期，伴随信息高速公路建设热潮的兴起和互联网的商业化，电子政务、电子商务等成为城市信息化的主旋律，建设"电子城市"（E-city）成为许多城市的追求。

20世纪90年代后期，空间地理信息技术的应用逐步成熟，信息高速公路建成后需要寻求新的应用，于是便有了1998年"数字地球"概念的出现。受此影响，许多城市提出了建设"数字城市"的目标。

进入21世纪后，随着主要信息技术应用的日益普及和深化，新一代移动通信、射频识别、下一代互联网等技术不断创新，一些国家率先提出了建设"智能城市"、"移动城市"、"泛在城市"等新概念。

2008年全球金融危机发生后，信息化领域开始出现物联网、云计算等一系列创新应用，IBM率先提出的"智慧地球"理念逐步被接受，许多城市提出要建设"智慧城市"。

在城市信息化发展过程中，每一次关于信息化城市的概念变化都有其深刻的历史背景，一般来讲都基于4个影响因素：新技术的出现、寻求新的经济增长点、解决现实面临的突出矛盾和问题、瞄准建立新的竞争优势。

无论是电子城市、数字城市，还是智能城市、智慧城市，都是不同阶段人们对信息化城市的不同提法。从理论上看，这在一定程度上反映了不同时期人们对城市信息化认识的逐步深化、信息技术本身的变化和信息化建设重点的变化。但从实践上看，建设内容、发展方向和目标并没有本质上的不同。可以相信，随着信息技术和实践发展，城市信息化还会出现新的提法。

4. 信息化城市

城市是人类文明的产物，城市形态也随着人类的进步而不断演变。伴随工业社会向信息社会转型，城市信息化水平不断提高，城市也将逐步演变成信息化城市（见图1-5）。

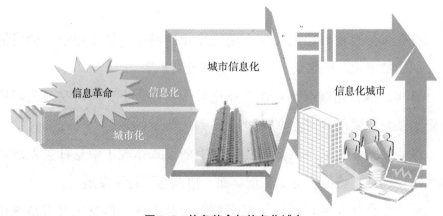

图1-5　信息革命与信息化城市

所谓信息化城市，即信息社会的城市，是指充分实现信息化的新型城市形态，具备知识型经济、网络化社会、服务型政府、数字化生活等信息社会基本特征。

与农业社会、工业社会的城市相比，信息化城市这一概念具有其特定的内涵（见图1-6）。

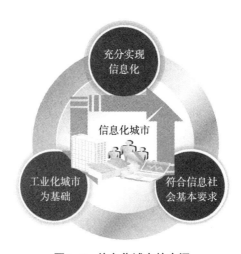

图1-6　信息化城市的内涵

首先，信息化城市是充分实现信息化的城市，城市经济社会发展各领域的数字化、网络化、智能化达到较高水平。

其次，信息化城市建立在工业化城市基础之上，同时又最大限度克服了工业化城市的种种弊端。

最后，信息化城市的基本功能和发展模式体现了信息社会发展的客观需要和基本特征，更加注重全面、协调与可持续发展。

城市信息化是实现信息化城市的路径和手段，信息化城市是城市信息化建设的目标和结果。

二、城市功能及其演变

与农业社会、工业社会的城市相比，信息化城市的功能发生了很大变化，城市发展面临的问题、任务也将随之而不同。

1. 城市功能

城市功能，也称城市职能，泛指城市的能力和作用。增强和完善城市功能是城市发展的永恒主题。

从类型看，城市功能可区分为一般功能和特殊功能。城市的一般功能是指所有城市都共同具备的普遍功能（见图 1-7），如承载功能、

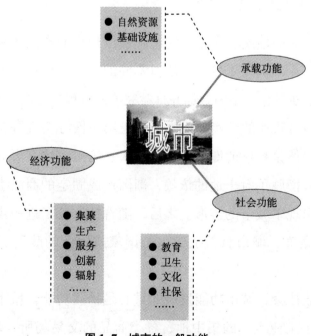

图 1-7　城市的一般功能

经济功能、社会功能等,强调的是城乡之间的差异。城市的特殊功能是指某一城市或某类城市所特有的功能,强调的是城市的个性特征,如首都、交通枢纽、金融中心、贸易中心、加工中心、旅游中心等。

城市的承载功能是指城市的自然资源及基础设施等要素在支撑经济社会和人口发展方面的能力与作用。城市的承载功能是为人类提供最基本的物质条件,既包括土地、水资源、能源、环境等自然资源基础,也包括住宅、道路、桥梁、供电、通信、供排水、垃圾处理等基础设施。

城市的经济功能是指城市在促进经济发展方面的能力与作用,如集聚功能、生产功能、服务功能、创新功能、辐射功能等。

城市的社会功能是指城市在保障市民正常社会活动方面的能力与作用,如教育、卫生、文化、社会保障等。

2. 城市功能的演变

城市功能的性质、大小、完善程度由构成城市的各种结构性因素所决定,并在不同历史发展阶段有不同的表现。城市发展的过程也是城市功能不断变化、不断叠加并日益完善的过程(见图1-8)。

农业与畜牧业的分离是人类历史上第一次社会大分工,其最重要的成果之一便是村庄的诞生。在第二次、第三次社会大分工后,手工业者和商人摆脱了对土地的依赖,渐渐形成固定的商品生产与交换的聚居点,出现了城市的雏形。之后,随着社会分工进一步细化,城市功能不断完善,城市日益成为一个国家或地区的政治、经济、文化中心。

在农业社会,城市功能发展的重心是承载功能。城市既是政治中心,也是手工业生产的集中地,各类商品的交易场所,城市规模小、

承载功能	城市人口比重低	城市人口比重快速提升	城市人口占绝对比重
经济功能	手工业生产集中地 农产品集散地	机器大工业中心 商业贸易中心	创新发展中心 信息和知识中心
社会功能	统治	管理	服务
发展状况	规模较小 数量很少	规模扩张 数量激增	超级城市裂解 中小城市崛起
城市建设	基础设施简单 生活条件落后	基础设施完备 生活条件改善	基础设施智能化 生活环境宜人化
战略资源	土地	矿产、能源	知识、信息
主导产业	手工业	机器大工业	现代信息服务业
城乡关系	城乡分离 相对封闭	城乡分化 差距拉大	城乡融合 一体化发展

图1-8　不同历史时期城市的主要功能及要素特征

数量少，基础设施水平不高，城乡差别不大。

　　在工业社会，城市功能发展的重心是经济功能。城市是机器大工业生产中心、商业贸易中心和人类主要聚居区，城市规模扩大、数量激增，基础设施不断完善，城乡差距扩大。

　　在信息社会，城市功能发展的重心是社会功能。城市是创新发展中心和信息的生产、交换、管理、服务中心，实现智能化管理与运行，包容和谐成为普遍追求，城乡走向融合发展。

　　对应于人类社会从农业社会到工业社会再到信息社会的发展历程，城市也逐步成为社会的政治中心、经济中心、信息中心。城市功能和发展重心的变化也必然会导致其表现特征的变化。

三、信息化城市的特征

信息化城市是信息社会城市的理想形态，也是建立在工业化基础之上的城市。与工业化时代的城市相比，它不仅实现了高度信息化，也将实现更高层次的经济社会发展和城市管理水平，并体现出人类社会更高的追求和价值理念，因而具有鲜明的基本特征和表现特征。其中，基本特征反映了信息化城市的本质要求，表现特征是基本特征在城市经济社会各个领域的具体表现（见图1-9）。

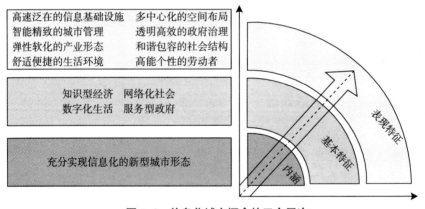

图1-9　信息化城市概念的三个层次

1. 基本特征

与信息社会基本特征相适应，信息化城市也具有4个基本特征，即知识型经济、网络化社会、服务型政府、数字化生活（见图1-10）。

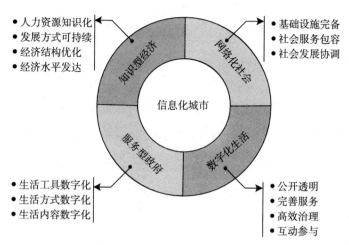

●人力资源知识化
●发展方式可持续
●经济结构优化
●经济水平发达

●基础设施完备
●社会服务包容
●社会发展协调

●生活工具数字化
●生活方式数字化
●生活内容数字化

●公开透明
●完善服务
●高效治理
●互动参与

图1-10　信息化城市的基本特征

知识型经济是信息化城市在经济发展领域的突出特征。人力资源知识化、发展方式可持续、经济结构优化、经济水平发达是知识型经济的基本表现和要求。在知识型经济中，高学历、高技能的知识型劳动者占比明显增加，社会生产力水平进一步提高，经济发展更加注重节能环保与研发创新，"软产业"比重和"软要素"含量增加，现代服务业高度发达。

网络化社会是信息化城市在社会发展领域的突出特征。信息基础设施的完备性、社会服务的包容性、社会发展的协调性是网络化社会的基本表现和要求。网络化社会中，信息基础设施更加完善，社会包容日益受到关注，更加注重城乡、区域、不同社会群体之间的协调发展，更加注重人与自然的和谐发展。

服务型政府是信息化城市在政府治理领域的突出特征。公开透明、完善服务、高效治理、互动参与是服务型政府的基本表现和要求。在现代信息技术的支撑下，政府运行更为公开透明，公共服务更加完善，政府决策更趋于科学化，行政效率和服务质量进一步提高，网络使政民沟通渠道更加通畅和多元化，互联网成为政府与公众之间直接沟通的重要桥梁。

数字化生活是信息化城市在居民生活领域的突出特征。生活工具数字化、生活方式数字化、生活内容数字化是数字化生活的基本表现和要求。信息技术广泛应用于日常生活的方方面面，网络和数字产品将成为多数人的生活必需品，数字家庭、智能家居等成为未来家庭生活的发展趋势，信息逐渐成为最主要的消费内容。

2. 表现特征

从城市经济社会发展的各个领域看，信息化城市还有一些典型的表现特征（见图1-11）。信息化城市发展水平越高，其表现特征越明显，主要体现在以下几个方面：

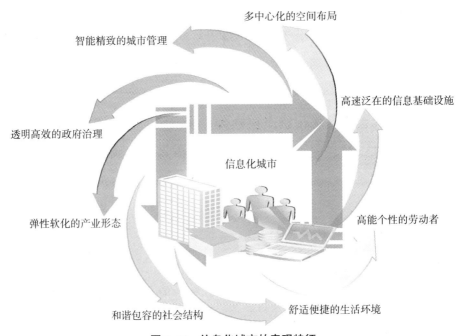

图1-11 信息化城市的表现特征

（1）高速泛在的信息基础设施：由光纤、无线、卫星通信等构成的高速宽带网全面实现交叉覆盖，全体市民均可以支付得起的价格享受到高速宽带服务。

（2）多中心化的空间布局：单一中心走向多中心，中心辐射走向多点散射，卫星城市、中小城镇发展迅速。

（3）智能精致的城市管理：物联网、云计算、网格管理等创新应用普及，城市人群、部件、事件管理全面实现数字化、网络化、可视化、智能化，脏乱差堵等现象基本消失。

（4）透明高效的政府治理：政府信息公开透明，政府业务实现网络化协同办公，所有面向公众的政府服务项目能通过网络全程办理，政民互动成为政府治理工作常态。

（5）弹性软化的产业形态：以信息服务业为代表的现代服务业在经济构成中居于主导地位，传统工业的信息化改造日益深化，生产和组织日益弹性化，产品的知识和信息含量日益提高，单位能耗物耗达到国际先进水平。

（6）和谐包容的社会结构：教育、医疗、治安、保障等民生事业达到较高水平，城乡之间、不同市民群体之间的差距明显缩小，较好地实现包容性发展。

（7）舒适便捷的生活环境：城市环境优美，人与自然和谐相处；社区服务达到较高水平，电子商务高度发达，信息类消费占据主导地位。

（8）高能个性的劳动者：知识型劳动者成为劳动者主体，国民教育素质达到国际先进水平，弹性工作日益普遍，个性化发展得到充分体现。

第二章　为什么要建设信息化城市？

※ 信息化城市是信息社会条件下城市
　　发展的必然选择

※ 中国城市化进程加速压力增大

※ 传统工业化城市发展模式难以为继

※ 信息化日益成为破解城市发展难题
　　的突破口

信息化城市是信息技术革命与城市发展内在需求变化自然耦合的必然结果，是信息社会条件下城市发展的必然选择。从全球范围看，信息技术革命引领人类进入信息社会，城市正在从工业化城市向信息化城市转型。从国内形势看，我国正处在由工业社会向信息社会的加速转型过程中，信息化城市建设既是重构经济发展动力机制、转变发展方式的客观要求，也是解决城市发展中各类突出矛盾的迫切需要。

一、信息化城市是信息社会条件下城市发展的
必然选择

信息技术革命正推动人类从工业社会向信息社会加速转型。后危机时代，世界主要国家纷纷制定新一轮信息化发展战略，信息化城市

建设成为城市发展的必由之路。

1. 信息社会发展的客观需要

人类社会发展的过程也是技术不断进步的过程，正是技术的不断进步推动了人类社会持续进入更高的发展层次。技术革命引发社会变革的基本规律是：一项具有革命性的新技术出现后，逐步形成新的产业，随着新的技术和产业在经济社会各领域的扩散和渗透，社会生产力和生产关系开始出现重大变化，最终导致社会发展进入一个新的阶段。

正如工业革命推动人类进入工业社会一样，信息革命引领人类进入信息社会。信息社会是技术革命与人类需求变化自然耦合的必然结果。工业社会后期，环境恶化、资源紧张、贫富分化等一系列问题迫使人类转而寻求新的发展方式，而信息技术的突变式发展恰好适应了这种需求，并因其具有极强的渗透性而得到广泛应用。二者的结合可谓是天造地设、水到渠成。

以计算机、网络、通信为代表的现代信息技术飞速发展和广泛应用，已彻底改变了人类生产力的水平、结构和全球布局，经济发展、社会活动和人民生活正在全面走向数字化、网络化、智能化。过去20年中，发达国家希望保持领先优势，新兴经济体力争寻求新的突破，发展中国家致力于发挥后发优势实现跨越发展，世界各国纷纷制定了一系列的信息化发展战略，都希望在信息技术革命中成为最大受益者。在这一过程中，城市发展的轨迹也发生了重大变化，信息化日益成为城市规划、建设、管理与发展的重要内容、手段和目标。

21世纪的第一个10年，我国制定实施了两个信息化五年发展专项规划。2006年出台的《2006~2020年国家信息化发展战略》明确提出："到2020年，我国信息化发展的战略目标是：综合信息基础设施基本普及，信息技术自主创新能力显著增强，信息产业结构全面优化，国家信息安全保障水平大幅提高，国民经济和社会信息化取得明显成效，新型工业化发展模式初步确立，国家信息化发展的制度环境和政策体系基本完善，国民信息技术应用能力显著提高，为迈向信息社会奠定坚实基础。"总体上看，目前我国正处在从工业社会向信息社会的转型过程中，按照信息社会发展要求建设信息化城市，既是国家发展战略的迫切需求，也是城市自身发展的内在需求。

2. 城市自身发展的内在要求

20世纪90年代以来，全球信息化城市建设先后经历了几个热潮，如1993年兴起的"电子城市"（Electric City）、1998年兴起的"数字城市"（Digital City）、2005年兴起的"智能城市"（Intelligent City）、2009年兴起的"智慧城市"（Smart City）等。伴随这些热潮出现的不仅有新的概念，还有人们对信息化城市建设的内容、手段、路径、目标、任务等认识的变化。

任何新概念的出现都有其鲜明的时代背景，其背后往往是新的发展战略和发展思路的变化。一般来讲，信息化城市发展的动力来自于以下4个方面（见图2-1）：

（1）带动经济发展：刺激经济发展，或寻求培育新经济增长点。

（2）解决现实问题：通过利用先进的信息技术手段，来破解经济和社会发展过程中遇到的突出矛盾和问题。

（3）技术创新驱动：新技术的出现或重大应用方面的突破，为实现经济增长、破解发展难题提供了新的可能。

（4）瞄准未来竞争：通过战略实施，保持或增强竞争优势，以期在未来实现更高目标、更美好愿景。

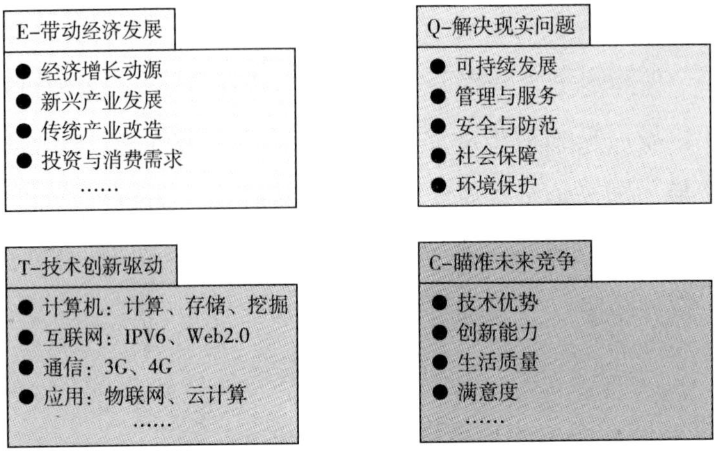

```
┌─────────────────────────┐    ┌─────────────────────────┐
│ E-带动经济发展            │    │ Q-解决现实问题            │
│ ● 经济增长动源            │    │ ● 可持续发展              │
│ ● 新兴产业发展            │    │ ● 管理与服务              │
│ ● 传统产业改造            │    │ ● 安全与防范              │
│ ● 投资与消费需求          │    │ ● 社会保障                │
│   ……                    │    │ ● 环境保护                │
└─────────────────────────┘    └─────────────────────────┘

┌─────────────────────────┐    ┌─────────────────────────┐
│ T-技术创新驱动            │    │ C-瞄准未来竞争            │
│ ● 计算机：计算、存储、挖掘 │    │ ● 技术优势                │
│ ● 互联网：IPV6、Web2.0   │    │ ● 创新能力                │
│ ● 通信：3G、4G           │    │ ● 生活质量                │
│ ● 应用：物联网、云计算     │    │ ● 满意度                  │
│   ……                    │    │   ……                    │
└─────────────────────────┘    └─────────────────────────┘
```

图 2-1 信息化城市建设的 4 大动力

不同城市在不同的发展阶段，所处的技术、经济、社会发展环境不同，面临的问题和任务也不同，因而需要选择不同的信息化城市发展战略和路径。

二、中国城市化进程加速压力增大

中国目前仍处在城市化快速发展阶段，未来几年城市化发展速度仍将很快，城市发展压力将持续增大。

1. 城市化总体水平偏低

第六次全国人口普查结果显示，2010 年我国城市化水平为 49.68%，基本相当于全球平均水平，与主要发达国家 80% 以上的城市化水平相比仍有很大差距（见表 2-1）。

根据世界银行的统计资料，当人均国内生产总值（GDP）为 820 美

元时，城市化水平为 30%~39%；当人均 GDP 为 1087 美元时，城市化
水平为 40%~49%；当人均 GDP 为 3621 美元时，城市化水平为 50%~
59%；当人均 GDP 为 6426 美元时，城市化水平为 60%~69%。2010 年
我国人均 GDP 突破 4000 美元，但城市化水平相对偏低。

表 2-1　世界及主要国家城市人口比重[①]

单位：%

年　份	2000	2004	2005	2006	2007	2008
世界	46.7	48.3	48.7	49.1	49.5	49.9
中国	35.8	39.5	40.4	41.3	42.2	43.1
美国	79.1	80.5	80.8	81.1	81.4	81.7
日本	65.2	65.8	66.0	66.2	66.3	66.5
德国	73.1	73.3	73.4	73.5	73.6	73.6
英国	89.4	89.6	89.7	89.8	89.9	89.9
法国	75.8	76.5	76.7	76.9	77.1	77.4
意大利	67.2	67.5	67.6	67.8	67.9	68.1
加拿大	79.5	80.0	80.1	80.2	80.3	80.4
韩国	79.6	80.6	80.8	81.0	81.2	81.5
俄罗斯	73.4	73.0	72.9	72.9	72.9	72.8
印度	27.7	28.5	28.7	29.0	29.3	29.5
巴西	81.2	83.6	84.2	84.7	85.1	85.6
澳大利亚	87.2	88.0	88.2	88.4	88.6	88.7

资料来源：世界银行。

2. 城市化发展迅速

按照城市化发展的诺瑟姆曲线理论[②]，目前我国城市化正处于中期
阶段，即仍处于快速发展阶段。测算表明，1949~1979 年，我国城市化

---

① 国家发展改革委宏观经济研究院社会发展所课题组：《城镇化健康发展的评价指标体系研究报
告》，2011 年 3 月。
② 1979 年，美国地理学家诺瑟姆（Ray M. Northam）发现，对于各国城市化发展过程所经历的轨
迹，可以概括为一条稍被拉平的 S 形曲线，但他并没有具体给出这条曲线的数学模型。后来英国学者
范登堡提出的"城市发展阶段说"、美国学者刘易斯提出的"城市周期发展规律说"等，都从不同角度
解释了城市化发展的阶段性并呈 S 形运行。一般认为，城市化水平在 30% 以下为初期阶段，30%~70%
为中期阶段，70% 以上为后期阶段。

水平每年提升 0.28 个百分点；1980~2000 年，城市化水平每年提升 0.84 个百分点。过去 10 年中，中国城市化水平平均每年增加近 1.346 个百分点，其中"十五"期间每年增加 1.354 个百分点，"十一五"期间每年增加 1.338 个百分点。总体上看，今后 10 年我国城市化水平提升速度会有所放缓，但仍将保持较高速度，预计 2020 年后提升速度会明显放慢（见图 2-2）。

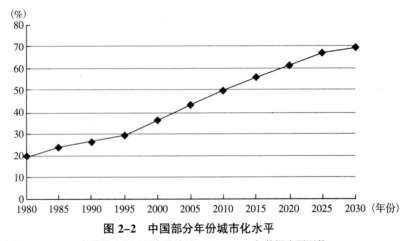

图 2-2　中国部分年份城市化水平

资料来源：1980~2010 年数据来源于国家统计局，2015~2030 年数据为预测数。

值得注意的是，信息化的推进有可能会改变中国城市化进程的轨迹。随着现代基础设施尤其是信息基础设施向农村的延伸，农村生产、生活条件会得到极大改善，信息化的深入发展将大大提升城乡融合发展的深度和速度，远程医疗、网络教育、电子商务、移动办公、智能家居等将大大缩小城乡差距。如果农村居民能够享受到与城市居民同样的现代文明，将会有更多的人选择在小城镇或农村生活。因此，未来理想中的城市化水平可能无须达到 90% 以上。预计我国城市化水平在 2030 年达到 70% 左右后将基本保持稳定。

2010 年，我国总人口约 13.7 亿人，这意味着城市化水平每提高一个百分点，将有近 1400 万人从农村居民变成城镇居民。今后一段时期内，城市的承载能力将面临更加严峻的挑战。

三、传统工业化城市发展模式难以为继

工业革命的重要成果之一就是城市的爆炸式发展。但这种发展带有一定的盲目性，因而出现了一系列由于承载能力不足导致的失衡和无序现象，即人们常说的"城市病"。目前我国城市化正处在加速发展的进程中，"城市病"在一些大中城市也表现明显，所以我国"十二五"规划纲要明确提出要预防和治理"城市病"。在未来相当长的一个时期内，我国城市发展将面临三方面的矛盾（见图 2-3）：城市过快发展与承载能力不足之间的矛盾、经济发展与社会协调发展之间的矛盾、

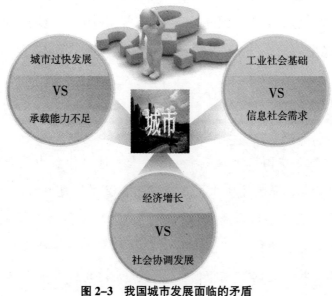

图 2-3　我国城市发展面临的矛盾

工业社会基础与信息社会需求之间的矛盾。

1. 城市过快发展与承载能力不足之间的矛盾

城市人口过快增长、规模过快扩张，承载能力跟不上就会带来一系列困扰城市发展的问题。承载能力不足主要表现为以下几个方面：

一是资源约束趋强。我国多数城市人均水资源严重不足，很多城市能源供应也日益趋紧。

二是交通拥堵。受城市空间布局不合理、道路建设跟不上、机动车快速发展、管理不合理等多种因素影响，我国大中城市多数都存在不同程度的交通拥堵问题。

三是环境污染。城市过快发展和粗放经营使城市发展的环境压力不断增大，许多城市存在着大气污染、土壤污染、水污染、"垃圾围城"等现象，直接影响城市居民的生活质量。

四是公用设施滞后。道路交通、供水排水、供电供气、通信管线、学校医院、消防环卫、公园绿地、娱乐文化等公共基础设施滞后于城市人口规模扩张，这种现象在许多城市普遍存在，给城市管理与发展埋下诸多隐患。

专栏 2-1

我国城市发展新变化

"十一五"中国城市价值十大新变化：①城市实力显著增强，但制约发展的人口资源环境矛盾日益突出；②区域发展格局基本形成，但区域不平衡、不协调形势依然严峻；③城乡统筹取得明显成效，但阻碍城乡发展的二元"鸿沟"问题依然突出；④城市化水平显著提升，但日益蔓延的"城市病"成为重大挑战；⑤城乡居民生活质量明显提高，但生活品质有待进一步提升；⑥城市设施功能日趋完善，但城市文化软实力亟待提升；⑦基本公共服务得到改善，但公共服务水平与居民多元化、多层次、多变性需求尚存在差距；⑧民主化进程明显加快，但促进社会公平正义任重道远；⑨城市发展加速转型，但可持续发展的新模式尚未建立；⑩社会建设和社会管理深入推进，但不稳定、不安全、不和谐，高风险因素仍然存在。

五种不稳定因素正在演变成城市的潜在风险：①贫富差距进一步扩大；②社会深层次矛盾日益凸显并有激化趋势；③社会治安形势严峻；④官民冲突加剧；⑤非传统危机和人为制造的危机正成为城市安全的主要危险。

"十二五"中国城市发展十大新趋势：①城市发展由外延式扩张向内涵式发展转变，包容性增长成为发展的核心理念；②"调结构"是城市的主攻方向，战略性支柱产业和新兴产业发展成为重要突破口；③"转方式"是城市发展主线，完善城市综合创新体系是"转方式"的重要支撑；④"扩内需"是城市的基本方针，着力提高城乡居民收入水平是"扩内需"的根本要求；⑤城镇化成为推动经济增长的持续动力，破除城乡"二元"分治的体制障碍是积极稳妥地推进城镇化的关键；⑥更加注重社会公平正义成为发展新导向，完善基本公共服务体系和构建社会公平保障体系是重中之重；⑦文化成为城市发展的核心要素，增强软功能、改善软环境、提升软实力是城市的重要目标；⑧节能减排的硬约束进一步增强，绿色低碳成为引领中国城市发展的全新模式；⑨城市人口将首次超过农村人口，农民市民化成为城市亟待解决的难点问题；⑩改革进入全面攻坚阶段，行政体制改革和政治体制改革将成为城市改革的重点领域。

　　消费能力、信息化水平、公共设施完善程度成为影响中国城市价值的三大主要因素。

资料来源：北京国际城市发展研究院：《2006~2010年中国城市价值报告》，《北京日报》2010年11月1日。

2. 经济发展与社会协调之间的矛盾

　　工业化城市发展过度强调经济增长而忽视了社会发展，两者之间的失衡积累到一定程度将演变成影响城市健康发展的阻碍或陷阱。主要表现在以下几个方面：

　　一是传统经济增长方式的不可持续性。粗放式经济增长主要依靠高投资、高能耗、高物耗和廉价劳动力，这几个要素今后都将受到严重制约，难以为继。"十一五"期间我国单位GDP能耗降低了19%，但与国际先进水平比仍有很大差距，"十二五"规划要求再降低16%，任务很艰巨。

　　二是收入差距过大已成为引发诸多社会矛盾的主要根源。我国基尼系数从2000年开始已越过理论上公认的0.4的警戒线，目前在0.5左右。从城乡收入差距看，一般认为城乡居民收入比在2∶1左右是最大合理界限，我国城乡收入比2002年就超过3∶1，而且一直居高不下（见图2-4）。城市居民内部的收入差距也很大，2009年10%最高收入家庭人均收入水平是10%最低收入家庭的8.6倍。收入差距过大势必会影响社会稳定与发展。

　　三是中等收入陷阱。当一个国家的人均收入达到中等水平后，由于不能顺利实现经济发展方式转变，导致经济增长动力不足，最终出现经济停滞，这种现象被称为中等收入陷阱。我国人均GDP在2003年首次超过1000美元，2006年超过2000美元，2008年超过3000美元，

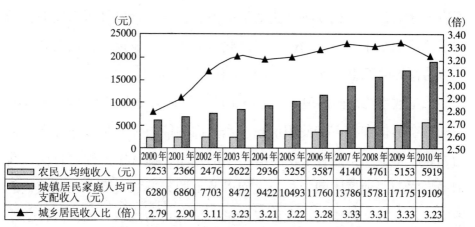

	2000年	2001年	2002年	2003年	2004年	2005年	2006年	2007年	2008年	2009年	2010年
☐ 农民人均纯收入（元）	2253	2366	2476	2622	2936	3255	3587	4140	4761	5153	5919
▨ 城镇居民家庭人均可支配收入（元）	6280	6860	7703	8472	9422	10493	11760	13786	15781	17175	19109
▲ 城乡居民收入比（倍）	2.79	2.90	3.11	3.23	3.21	3.22	3.28	3.33	3.31	3.33	3.23

图 2-4　2000~2110 年我国城乡居民收入对比情况

2010 年首次超过 4000 美元，开始进入中等收入偏上国家行列。在这一阶段，经济快速发展积累起来的矛盾有可能集中爆发，原有的增长机制和发展模式无法有效应对由此形成的系统性风险，处理不好就有可能出现经济增长的大幅度波动甚至停滞。

　　四是社会事业发展滞后。相对于经济发展而言，我国在科技、教育、卫生、福利、文化等社会领域的发展明显滞后，多数城市都会面临上学难、就医难、行路难、就业难、养老难等一系列社会发展问题，不和谐因素增加。社会事业的发展跟不上，不仅会增加经济运行成本，直接影响人民生活质量，还会影响社会稳定。

3. 工业社会基础与信息社会需求之间的矛盾

　　我国是在工业化尚未完成的情况下开始信息化建设的，目前正处在从工业社会向信息社会的转型过程中。转型期的矛盾主要体现在以下两个方面：

　　一是落后的工业基础无法适应信息社会需求。由于工业化任务没有最终完成，经济基础、体制基础、文化基础都还有很多课要补，在原有的矛盾没有得到妥善解决的情况下，信息社会发展所引发的新的需求已经出现了。这种情况下，从政府管理到企业运作，甚至到每个人看待世界的思想、方法，都会产生种种的不适应。

二是数字鸿沟的出现。受经济条件、教育素质等多种因素的影响，不同社会群体在拥有和使用信息技术方面的能力和效果方面存在较大的差距，形成了信息社会所特有的新的差距，即数字鸿沟。目前，我国城乡之间、地区之间、行业之间以及不同人群之间都存在着明显的数字鸿沟。数字鸿沟的出现不仅会影响信息化的成效，还会对社会原有的各种差距产生放大效应，增大社会的脆弱性。

有效化解上述各种矛盾，不能简单延续旧的思维和方法，需要通过信息化手段在创新发展中解决。

四、信息化日益成为破解城市发展难题的突破口

信息技术的快速发展、广泛渗透和深化应用适应了城市发展转型的需要，为破解城市面临的发展难题提供了最佳选择，成为推动城市健康发展的重要力量（见图2-5）。

1. 助力城市经济发展

一是通过信息化实现对传统产业的升级改造。企业的产品设计、生产、管理、供销、服务全面实现信息化，可以节约成本，提升效率，提高质量。二是信息革命催生新的产业，不断创造出新经济增长点。三是通过提高产品与服务的科技、信息含量，真正实现发展方式转变。

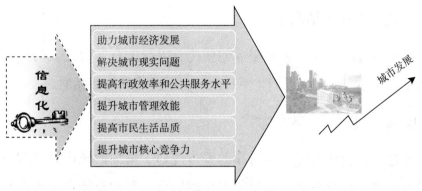

图 2-5　信息化助力城市发展

2. 解决城市现实问题

建立在先进信息技术基础上的智能交通系统（ITS），可以使交通基础设施发挥最大效能，提高交通安全系数，有效缓解交通拥堵。射频识别、视频监控等技术可广泛应用于环境保护、社会治安领域，大大提升城市综合防治能力。

3. 提高行政效率和公共服务水平

随着电子政务的深入开展，构建以市民为中心的服务型政府成为可能。政府部门间信息资源高度共享、网络化协同办公可以大大提高政府行政效率。通过政府门户网站，可以实现政务公开，全天候提供各类社会服务，有效实现政民互动。

4. 提升城市管理效能

物联网等技术的广泛应用可以对城市各要素、部件进行实时监控，实现对城市的可视化、精细化管理。

5. 提高市民生活品质

城市环境的优化、公共服务的便捷、以智能家居为代表的数字家庭建设等将极大地改变人们生活环境、生活方式和生活品质。

6. 提升城市核心竞争力

通过信息化城市建设，科学的城市规划、精细的城市管理有助于实现城市的个性化发展。高度信息化的城市，其创新能力也将得到大幅提升。

第三章　如何判断信息化城市发展水平和所处阶段？

※ 我国信息化城市建设从无到有，发展迅速

※ 根据城市经济和信息化发展水平的不同，可以将城市大体分成 4 种类型

※ 信息化城市需要经历从准备期到发展期，再到提升期的发展过程

※ 可从知识型经济、网络化社会、服务型政府、数字化生活四个方面测算信息化城市的发展水平

从工业化城市到信息化城市是一个渐进性发展的过程，即信息化城市发展将经历一个由量变向质变的演化过程。在信息化城市的不同发展阶段，会面临不同的问题和任务。准确判断信息化城市所处发展阶段，找准城市所处位置，是科学制定信息化城市发展战略的前提。

一、我国信息化城市发展概况

影响城市信息化水平的主要因素有（见图 3-1）：①经济发展水平。经济发展水平高，信息化建设的物质基础更为坚实，人们对信息化的需求一般会更加强烈，对信息服务的支付能力也更强，从而有利于信息技术的进一步普及和应用。②信息技术的成熟度。主流或高端的信息技术越成熟，成本越低，越容易推广，其普及速度就越快。③信息产业发展和信息基础设施完善程度。信息软硬件产业、信息服务业的快速发展以及信息基础设施的普及程度等都将影响信息化发展水平。④居民认知和接受能力。随着人们受教育程度的提高和信息意识、信息技能的提升，对信息化的重视程度和投入力度也会逐步加强，应用效果也会更好。⑤政策导向。不同的政策导向会对信息化城市建设的速度、水平、效果产生截然不同的影响。

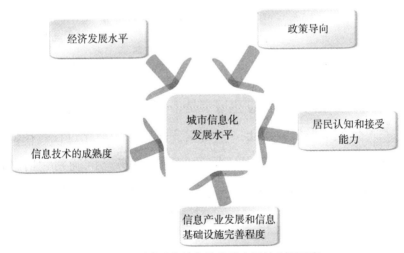

图 3-1　影响城市信息化发展水平的主要因素

　　经过多年发展，我国信息化城市建设从无到有，发展迅速（见图 3-2）。信息基础设施实现了跨越发展，主要信息技术产品正处于加速扩散过程中，城市经济社会各领域信息技术推广应用已取得显著成效。目前，各地正掀起以"智慧城市"为代表的信息化城市建设的新高潮。总体上看，我国信息化城市尚处在快速发展过程中，整体水平与国际先进城市相比差距较大，国内各城市间发展不平衡。

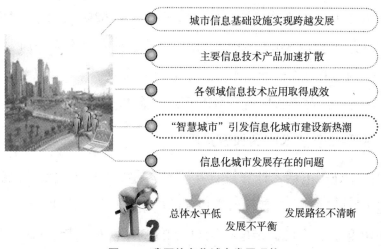

城市信息基础设施实现跨越发展

主要信息技术产品加速扩散

各领域信息技术应用取得成效

"智慧城市"引发信息化城市建设新热潮

信息化城市发展存在的问题

总体水平低　　　发展路径不清晰

发展不平衡

图 3-2　我国信息化城市发展现状

1. 城市信息基础设施实现跨越发展

多年来，我国城市信息基础设施投入力度不断加大，实现了跨越发展。

（1）固定宽带基础设施发展迅速。近10年来，我国光缆线路铺设增长近7倍，城域网及骨干网进一步建设完善，宽带城域网基本通达全国县级以上地区。各地纷纷加快光纤宽带接入网络部署，积极推进光纤到户。

（2）无线通信网络建设加快。3G网络建设持续推进，移动互联网高速发展。截至2011年5月底，3G基站总数达到71.4万个，其中中国移动、中国电信和中国联通的3G基站分别达到21.4万个、22.6万个和27.4万个。中国移动建设的TD网络已经覆盖全国4个直辖市、283个地级市、370个县级市和1607个县的热点区域，以及部分发达乡镇；中国电信建设的3G网络覆盖全国全部城市和县城以及2.9万个乡镇；中国联通建设的3G网络覆盖341个城市和1917个县城。

（3）广播电视网络日益完善。2010年，全国广播节目综合人口覆盖率达 96.78%，电视节目综合人口覆盖率达 97.62%，有线广播电视传输干线网络总长达 356 万公里，有线广播电视入户率为 46.4%。2009 年底，全国 160 多个地市、460 多个县市完成数字化整体转换，广西、海南、宁夏、江苏等省区所有城市已完成整体转换。

2. 主要信息技术产品加速扩散

我国正处于电话、计算机、互联网、数字电视等主要信息技术产品加速扩散的过程中，各种信息技术的应用也在逐步深化。

2010 年底，全国固定电话用户为 29438 万户，固定电话普及率为 22.1 部/百人。全国移动电话用户 85900 万户，其中 3G 用户为 4705.1 万户，移动电话普及率为 64.4 部/百人，城市家庭移动电话拥有量达 189.9 部/百户（见图 3-3）。2011 年上半年，基础电信企业互联网宽带

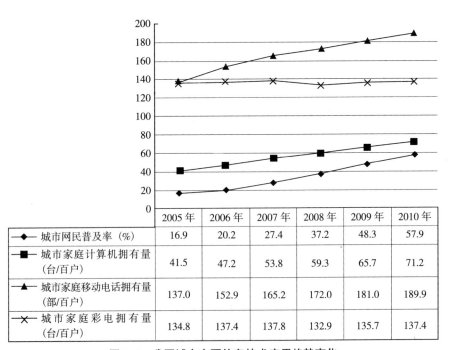

	2005 年	2006 年	2007 年	2008 年	2009 年	2010 年
◆ 城市网民普及率（%）	16.9	20.2	27.4	37.2	48.3	57.9
■ 城市家庭计算机拥有量（台/百户）	41.5	47.2	53.8	59.3	65.7	71.2
▲ 城市家庭移动电话拥有量（部/百户）	137.0	152.9	165.2	172.0	181.0	189.9
✕ 城市家庭彩电拥有量（台/百户）	134.8	137.4	137.8	132.9	135.7	137.4

图 3-3 我国城市主要信息技术应用趋势变化

资料来源：国家信息中心：《中国数字鸿沟报告 2011》、《中国信息年鉴》（2011）。

接入用户净增 1548.0 万户，达到 14181.7 万户；网民人数达 4.85 亿，其中手机网民 3.18 亿，互联网普及率达 36.2%。2010 年底，有线广播电视用户数达 1.89 亿户，数字电视用户达 8870 万户，呈快速发展势头。

3. 各领域信息技术应用取得成效

信息技术在城市经济社会发展各领域的应用日益深化，取得显著成效。

（1）电子政务。10 年来，我国电子政务取得实质性进展，金盾、金关、金财、金税、金农、金水、金保、金质、金宏等近百个重大信息化工程项目的建设对提高政府部门行政效率、促进经济社会发展发挥了重要作用。除配合做好上述纵向系统外，各个城市也应结合自身特点，围绕转变政府职能、强化城市管理、完善公共服务，在推进电子政务方面进行了大量探索，积累了丰富经验。

（2）电子商务。电子商务发展环境不断完善，电子商务应用日益深化，电子商务服务业发展迅猛。2010 年我国电子商务交易额达 4.5 万亿元。截至 2011 年 6 月底，网络购物、网上支付和网上银行使用率分别为 35.6%、31.6% 和 31%，用户规模分别达到 1.73 亿、1.53 亿和 1.5 亿。2010 年我国中小企业网上交易和网络营销利用率达到 42.1%，网上零售交易额达 5231 亿元，相当于社会商品零售总额的 3.3%。我国电子商务信息、交易和技术服务企业已达 2.5 万家①。

（3）企业信息化。企业信息化稳步发展，以信息化带动工业化初见成效。大型企业信息化应用逐步深入，信息化有效支撑了研发、生产、营销和企业管理各个方面，提高企业生产效率和管理水平；中小企业

---

① 商务部：《"十二五"电子商务发展指导意见》，2011 年 10 月。

信息化应用也取得了一定突破。

（4）社会信息化。教育、文化、科研、卫生等领域积极利用信息技术在加快自身发展的同时不断提升公共服务水平。市政、交通、环保等城市管理信息系统建设逐步展开，社区信息化建设开始起步。

4."智慧城市"引发信息化城市建设新热潮

随着物联网、云计算、下一代互联网、新一代移动通信等迅速发展和深化应用，"智慧城市"从概念走向实践，很多国家和地区开始探索"智慧城市"建设，比如美国、瑞典、爱尔兰、新加坡、日本、韩国等。2010年以来，以智慧城市为代表的信息化城市建设上升为我国众多城市发展的战略选择。许多城市在制定经济社会发展"十二五"规划时，都明确提出未来几年要着力推进城市信息化，打造"智慧城市"、"数字城市"、"智能城市"、"光网城市"等，有不少城市已经出台了具体的发展规划、行动计划，甚至启动了具体的建设项目。

与前些年相比，此次信息化城市建设呈现出新的特点：一是从认识上看，对于信息化城市建设意义的认识，不再局限于信息基础设施建设和信息技术推广应用，更多的是从完善城市基本功能、提高城市未来竞争力、挖掘城市发展潜力、推动城市整体发展的战略层面予以关注；二是从内容上看，与过去只关注单个、局部的信息化项目的点的突破不同，现在信息化城市建设更加注重立足于未来发展的对城市规划的整体布局；三是从技术上看，与"电子城市"、"无线城市"及"数字城市"等相比，"智慧城市"更多地强调了物联网、云计算等创新应用；四是从组织领导上看，主导部门从过去由信息化主管部门推动发展到由城市的市委、市政府直接领导，多部门共同推进。

专栏 3-1

物联网

简单地说，物联网（Internet of the things）是指"物物相连的互联网"。物联网的核心和基础仍然是互联网，其用户端延伸到了物品，使得物与物之间可以进行信息交换和通信。一般来讲，物联网是指通过射频识别（RFID）、红外感应器、全球定位系统、激光扫描器等信息传感设备，按约定的协议，把任何物品与互联网相连接，进行信息交换和通信，以实现对物品的智能化识别、定位、跟踪、监控和管理的一种网络。

与传统的互联网相比，物联网有其鲜明的特征。

首先，它是各种感知技术的广泛应用。物联网上部署了海量的多种类型传感器，每个传感器都是一个信息源，按一定的频率采集环境信息，其数据具有实时性。

其次，它是一种建立在互联网上的泛在网络。物联网技术的重要基础和核心仍旧是互联网，通过各种有线和无线网络与互联网融合，将物体的信息实时准确地传递出去。

最后，物联网具有智能处理的能力，能够对物体实施智能控制。物联网将传感器和智能处理相结合，利用云计算、模式识别等各种智能技术，扩充其应用领域。从传感器获得的海量信息中分析、加工和处理出有意义的数据，以适应不同用户的不同需求，发现新的应用领域和应用模式。

物联网应用有三种基本模式：

一是智能标签。通过二维码、RFID等技术标识特定的对象，用于区分对象个体，例如生活中使用的各种智能卡、条码标签等。

二是环境监控和对象跟踪。利用传感网络可以对特定对象的状态和行为进行监控，如空气质量监测、测量跟踪等。

三是智能控制。基于云计算平台和智能网络，可以根据传感网信息对监控对象的行为进行控制和反馈，如根据光线的强弱调整路灯的亮度，根据车辆的流量自动调整红绿灯间隔等。

资料来源：根据百度百科等相关资料整理。

专栏 3-2

云计算

对于什么是云计算，有多种不同的提法。如维基百科称，云计算是一种能够将动态伸缩的虚拟化资源通过互联网以服务的方式提供给用户的计算模式，用户不需要知道如何管理那些支持云计算的基础设施。Cloud Camp 的创始人 Reuven Cohen 认为，云计算是一种基于 Web 的服务，目的是让用户只为自己需要的功能付钱，同时消除传统软件在硬件、软件和专业技能方面的投资。

综合来看，云计算是一种基于互联网的计算方式，通过这种方式，共享的软硬件资源和信息可以按需提供给计算机和其他设备。狭义云计算指 IT 基础设施的交付和使用模式，指通过网络以按需、易扩展的方式获得所需资源；广义云计算指服务的交付和使用模式，指通过网络以按需、易扩展的方式获得所需服务。

云计算包含了两个层面的概念：云平台（Cloud Platform）和云服务（Cloud Service）。云平台是指基于硬件的服务，提供计算、网络和存储能力。云服务是指基于抽象的底层基础设施，且可以弹性扩展的服务。

云计算可以按照多种维度来分类。按照是否公开发布服务可以分成公有云（Public Cloud）、混合云（Hybrid Cloud）和私有云（Private Cloud），后者有时也称为企业云或者内部云。按照服务类型（XaaS）可以分成基础架构即服务（Infrastructure as a Service，IaaS）、平台即服务（Platform as a Service，PaaS）、软件即服务（Software as a Service，SaaS）等。

云计算的特点和优势在于：快速满足业务需求；低成本、绿色节能；提高了资源利用和管理效率。云计算极大地提高了互联网应用的用户体验度，同时具备极低的成本。

资料来源：张为民等：《云计算：深刻改变未来》，科学出版社，2010年。

5. 信息化城市发展存在的问题

虽然我国信息化城市建设取得了一定成效，但是还存在很多问题：

（1）总体水平低。与发达国家相比，我国的信息化城市建设总体水平不高，主要体现在以下几个方面：信息技术自主创新能力较弱，关键技术和设备受制于人；信息基础设施水平和质量还有待提高；信息产业大都处于产业链的中低端，大而不强，支撑力不足；信息化应用水平整体不高，还不能满足经济社会发展和人们工作生活的深层次需要；信息化建设中跨部门协同合作、资源共享不力的状况还没有得到根本性转变；信息安全隐患凸显。

（2）发展不平衡。受经济、文化、教育、政策等多种因素影响，我国城市间的信息化发展水平存在很大差距，既体现在不同区域的城市之间，又体现在同一区域的不同城市之间。

（3）发展路径不清晰。由于信息技术创新发展速度较快，如何利用信息技术更好地促进城市发展，理论和实践都尚处于探索过程中，还没有成熟的建设经验可供参考。同时，信息化城市发展需要考虑城市的特色和基础，也不存在标准的发展模式和路径，需要各城市在实践中不断探索前进。

二、信息化城市的四种类型

借鉴波士顿矩阵方法①，可以根据城市经济发展和信息化这两个因素的水平高低，将信息化城市大致分成四种类型（见图3-4）：①经济

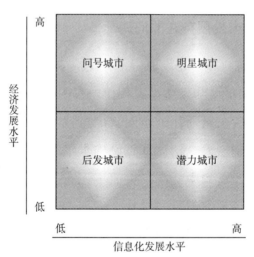

图3-4　信息化城市的四种类型

① 波士顿矩阵（BCG Matrix），又称市场增长率—相对市场份额矩阵、波士顿咨询集团法、四象限分析法、产品系列结构管理法等，是由美国著名的管理学家、波士顿咨询公司创始人布鲁斯·亨德森于1970年首创的一种用来分析和规划企业产品组合的方法。本法将企业所有产品从销售增长率和市场占有率角度进行再组合。在坐标图上，以纵轴表示企业销售增长率，横轴表示市场占有率，各以10%和20%作为区分高、低的中点，将坐标图划分为四个象限，依次为"问号（?）"、"明星（★）"、"现金牛（¥）"、"瘦狗（×）"。在使用中，企业可将产品按各自的销售增长率和市场占有率归入不同象限，使企业现有产品组合一目了然，同时便于对处于不同象限的产品作出不同的发展决策。其目的在于通过产品所处不同象限的划分，使企业采取不同决策，以保证其不断地淘汰无发展前景的产品，保持"问号"、"明星"、"现金牛"产品的合理组合，实现产品及资源分配结构的良性循环。

发展水平和信息化水平"双高"的城市群,即"明星城市";②经济发展水平低、信息化水平高的城市群,即"潜力城市";③经济发展水平高、信息化水平低的城市群,即"问号城市";④经济发展水平和信息化水平"双低"的城市群,即"后发城市"。

1. "明星城市"

"明星城市"是经济发展水平和信息化水平均较高的城市,通常表现为经济发展国内领先,有较为充足的资金等资源用于信息化城市建设,信息基础设施较为完备,主要信息技术应用普及率较高。在信息化城市建设过程中,"明星城市"往往敢于进行政策和机制创新,为其他城市提供了宝贵的经验。"明星城市"面临的主要任务是继续深化信息化在城市管理、公共服务、居民生活等方面的应用,增强城市各部门的协同,不断强化其领先优势。

2. "潜力城市"

"潜力城市"是经济水平较低但信息化水平较高的城市,通常表现为经济水平相对落后,但是信息基础设施发展较快,信息技术在重点领域应用取得突破性进展。"潜力城市"信息化水平较高往往是因为城市执政领导理念先进,重视信息化建设。信息技术的效应发挥具有一定的时滞性,对信息化建设的高度重视可为城市发展培植和积累雄厚的潜能。"潜力城市"面临的主要任务是要继续推进信息化在城市经济、居民生活等领域的应用,注重建设成效并灵活运用市场机制确保可持续发展。

3. "问号城市"

"问号城市"是经济发展水平较高但信息化水平较低的城市,通常表现为经济基础虽然不错，但是信息化应用较为落后，效果不明显。造成信息化水平较低的因素很多，但是很重要的一点是城市执政领导对信息化不够重视，或者不将其置于优先发展战略。但在全球化背景和信息化浪潮中，"问号城市"很容易丧失其优势地位。因此其主要任务是通过信息化优化产业结构和提高经济发展质量，增强整个城市的综合实力，确保不至于在新一轮竞争中输给其他城市。首先要转变发展观念，深刻认识信息化在城市建设中的重要意义；其次要完善信息基础设施，提高信息技术及产品的普及率；最后要大力发展高新技术产业，并利用信息技术改造和提升传统产业。

4. "后发城市"

"后发城市"是经济发展水平和信息化水平均较低的城市，通常表现为经济相对落后，信息化水平也不高，在信息化城市建设中暂时处于相对劣势地位。"后发城市"面临的主要任务是要紧紧把握发展机遇，借鉴其他城市的宝贵经验，制定科学合理的信息化城市建设战略，着重发展自己的特色产业，通过机制和政策创新，发挥后发优势，实现城市快速发展。

城市发展是动态的，城市类型也不会一成不变。在信息技术革命的影响下，经济发展、信息化发展各构成要素会不断出现深刻变化。随着时间的推移，后发城市、问号城市、潜力城市、明星城市之间存在彼此转化的可能。

三、信息化城市的发展阶段及其特征

信息化城市建设是一个长期、动态的过程，需要经历从准备期到发展期，再到提升期的发展过程（见图3-5）。

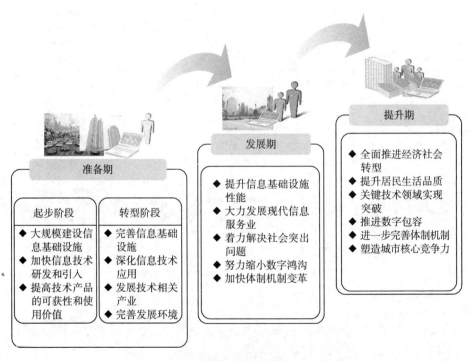

图3-5　信息化城市的发展阶段及其主要任务

信息化城市发展水平可以用"信息化城市指数（ICI）"来表示。ICI介于0和1之间，ICI越高表明信息化城市发展水平越高。ICI测评指标体系建立和测算方法可以参照信息社会发展测评方法和思路进行。

以信息化城市指数（ICI）的演进为标志，大体上可以将信息化城市发展过程分成三个阶段，即准备期（0 < ICI < 0.6）、发展期（0.6≤ ICI < 0.8）、提升期（0.8≤ICI<1）。

在不同的发展阶段，信息化城市发展水平不一样，面临的主要问题和主要任务也有很大区别（见表3-1）。

表 3-1 信息化城市发展阶段划分

		信息化城市指数（ICI）	基本表现	面临问题	主要任务
准备期	起步阶段	0~0.3	信息技术初步应用	经济水平低，信息基础设施落后，信息化水平低	信息基础设施建设，信息化知识普及
	转型阶段	0.3~0.6	信息基础设施加快普及，信息技术加速扩散，信息化对经济和生活的影响从量变走向质变	新旧矛盾冲突，数字鸿沟显现，信息化成效亟待提高，信息安全隐患	普及信息基础设施，应用示范推广，两化融合
发展期		0.6~0.8	信息基础设施和主要信息技术应用基本普及，网络化程度大幅提高，知识型经济初具，服务型政府雏形初现	数字鸿沟凸显，体制机制障碍，信息安全问题突出	资源整合，现代信息服务业发展，发展方式转变，体制机制转变，关注弱势群体
提升期		0.8 以上	知识型经济、网络化社会、服务型政府、数字化生活基本实现并不断完善	创新能力跟不上发展需求，核心竞争力需要提升	关键核心技术突破，数字包容，个性化服务，创新发展，完善体制

1. 准备期

准备期是指一个城市尚未成为信息化城市之前所处的发展阶段。准备期又分成两个阶段：起步阶段和转型阶段。

（1）起步阶段。起步阶段又称引入期，是指以计算机、网络、通信为代表的现代信息技术开始在城市应用的初期阶段。信息化城市指数在0~0.3之间，即信息化城市实现程度低于30%。

在起步阶段，城市发展大体处于工业化的中期，经济发展水平不高，信息基础设施建设落后。受支付能力、学习能力等诸多因素影响，主要信息技术产品（如手机、计算机、互联网等）普及程度较低，只有少数政府部门、企业和居民才能进行一些较为简单的应用。

起步阶段面临的主要任务有三个方面：一是加快信息基础设施的规模建设，大范围铺设通信网络和宽带光纤；二是加快信息技术研发和引入，提高技术产品的可获性和使用价值；三是宣传培训，提高对信息化的重视程度和信息技能。

（2）转型阶段。转型阶段又称过渡期，是指城市逐渐向信息化城市转型的发展阶段，信息化城市指数处于0.3~0.6之间。

在转型阶段，城市发展处于工业化的中后期，开始向信息化城市加速转型，主要信息技术产品加速扩散，对经济、社会、生活的影响日益深化，开始从量变走向质变。政府部门办公自动化基本完成，重要业务系统完成数字化改造，通过互联网等手段加强政民沟通、提供便民服务开始取得一定成效。多数企业引入计算机系统管理，一些大型企业主要业务流程实现数字化、网络化管理和运行。互联网、手机、数字电视等在居民家庭中的普及率快速提升，日益成为人们工作、生活中须臾不可离的重要工具。

转型阶段面临的主要问题和矛盾有：①新旧矛盾冲突交织。这一阶段工业化的任务尚没完成，但人们对信息社会的需求、渴望已被激发出来，理想与现实之间的碰撞、冲突普遍存在，使得这一阶段既是发展的黄金期也是矛盾的凸显期。政府、企业、个人在发展中都会遇到许多新矛盾、新问题，出现许多不适应。②数字鸿沟显现。城乡之间、地区之间、行业之间、不同社会群体之间在信息技术应用水平上存在较大差距，出现不同程度的数字鸿沟。不仅体现为出现新的差距，还会对原有的差距和社会矛盾起到分化、放大效应。③信息化成效亟待提高。一方面，建设经验不足，用工业化建设的办法推进信息化建设，重硬件轻软件、重技术轻业务、重系统轻资源、重建设轻维护现象普遍存在。另一方面，受条条块块利益格局影响，重复建设、"信息孤岛"、"信息烟囱"比比皆是，部门间、系统间信息资源共享难、协同办公少，影响了信息化成效的充分发挥。④存在严重的信息安全隐患。在转型阶段，大部分信息资源已经实现数字化，相当一部分业务已实现网络化，而信息安全技术、产品、法律、管理、制度等有待完善，存在较大隐患。

转型阶段的主要任务有以下几个方面：一是加快推进信息基础设施的广覆盖及其服务的低价格，让更多的人能够用得上、用得起；二是积极推进信息技术在经济社会发展各领域的推广应用，让信息技术充分发挥好经济社会转型的"发动机"作用；三是大力发展信息产业，构建新的经济增长点；四是注重推进法律、制度、标准、安全、人才等信息化软环境建设，尽量减少摩擦和阻碍因素。

2. 发展期

发展期是指城市已具备信息化城市雏形，信息技术在城市经济社会发展各领域的应用全面推进的阶段。在发展期，ICI 处于 0.6~0.8 之间。目前我国已有部分城市进入发展期。

在发展期，城市已进入信息社会的初级阶段，主要信息技术产品广泛应用，经济、社会、生活的数字化、网络化基本实现，物联网、云计算等创新应用的引入加快了智能化发展步伐。政府部门间资源共享、协同办公基本实现，社会管理、公共服务、政民互动主要通过网络完成。企业管理和运行实现网络化，智能化水平显著提高。主要信息技术产品在城乡居民家庭基本普及，成为人们生活的重要支撑。

发展期面临的主要问题和矛盾有：①社会发展重心转移。随着经济发展和人民物质生活水平的提高，人们在社会发展方面的需求日益增强，生活质量、环境质量、经济增长的有效性、社会公平与公正、政治参与等成为新的时代追求，如何在经济增长的同时保持社会和谐成为社会发展的重心。②数字鸿沟严重。相当一部分人还不能充分使用信息技术，成为信息化成效发挥的主要障碍，既不利于经济发展，也不利于社会突出问题的解决。③体制机制障碍。随着信息化的深入，政府与企业的业务流程、工作内容以及人们的生活方式均发生了深刻变化，原有的体制与机制已无法适应新的生产力发展，需要进行调整与改革。④信息安全问题突出。随着网络化、智能化的深入，信息安全日益成为经济安全、社会安全、国家安全的新命题。

发展期的主要任务有以下几个方面：①提升信息基础设施承载能力，使之更加高速、泛在、智能。②大力发展现代信息服务业，推进信息资源的广泛开发和深化应用。③以公共服务信息化为突破口，围绕群众切身利益着力解决社会突出问题。④关注弱势群体，努力缩小数字鸿沟。⑤加快体制机制变革，为和谐信息社会建设创造条件。

3. 提升期

提升期又称完善期，是指城市进入信息社会的中高级发展阶段，信息化城市水平不断完善，逐步接近完美形态，是信息化城市的最高发展阶段，信息化城市指数达到0.8以上。

在提升期，城市发展已进入信息社会中高级阶段，主要信息技术产品高度普及，经济、社会、生活的数字化、网络化、智能化达到相当高的水平。政府部门间资源共享、协同办公普遍实现，社会管理、公共服务基本实现智能化。企业管理和运行全面实现网络化、智能化。主要信息技术产品在城乡居民家庭高度普及，数字生活、智能家居基本实现。

提升期面临的主要问题和矛盾有：①创新能力面临新的需求挑战。信息化的全面实现带动社会经济结构大变革，从而引发一系列全新的应用需求，技术、管理、服务、体制等创新能力需要进一步提升。②关键、核心技术面临突破。全面信息化环境下，为保障信息安全和获取新的竞争优势，必须在关键、核心技术方面取得突破。③核心竞争力需要提升。信息化改变了城市间的竞争格局，要素流动性增强，城市核心竞争力成为制胜的关键。④少部分人仍游离在信息社会之外，数字包容日益成为重要议题。

提升期的主要任务有以下几个方面：①全面推进经济运行、城市管理、公共服务的网络化、智能化，实现经济社会转型；②以智能社区、智能家居等为重点全面提升居民生活品质，大力推进个性化服务；③集中力量在关键核心技术领域实现重大突破；④多管齐下推进"数字包容"，确保"一个不落下"；⑤进一步完善体制机制，提升全社会运行效率；⑥围绕城市定位，采用差异化竞争策略，彰显城市个性，打造城市核心竞争力。

只有准确判断一个城市所处的发展阶段，才有可能依据其阶段特征表现分析其发展现状、存在的问题及面临的主要任务，为研究制定科学的战略规划、寻求最佳发展路径打下良好基础。

总体上看，现阶段我国大部分城市处在信息化城市的准备期的转型阶段，少数城市进入了信息化城市的发展期。

四、判断信息化城市发展阶段的方法

对信息化城市发展水平的测评可以参考信息社会发展水平的测评方法，但在选择具体评价指标时会有一些差别。

专栏 3-3

信息社会评价指标体系

定量测算信息社会的发展水平，可以采用"综合指数法"，即将不同性质的指标值经过标准化处理，最终转化成一个综合指数，以反映整体发展水平的测评方法。

具体的测算过程大体包括五个步骤：①分析信息社会的内涵、特征与发展阶段；②选择代表性指标并构建指标体系；③确定底层指标的标准值及指标的权重；④测算底层指标值；⑤逐级加权计算得到分类指标的综合指数和总指数。具体指标体系见表 3-2。

表 3-2　信息社会评价指标体系及各指标权重

一级指标		二级指标		三级指标	
指标名称	权重	指标名称	权重	指标名称	权重
1. 知识型经济指数	30%	1.1 经济发展指数	1/4	1.1.1 人均 GDP 指数	1
		1.2 人力资源指数	1/4	1.2.1 成人识字指数	1/3
				1.2.2 教育投入指数	1/3
				1.2.3 大学生指数	1/3
		1.3 产业结构指数	1/4	1.3.1 产值结构指数	1/2
				1.3.2 就业结构指数	1/2
		1.4 发展方式指数	1/4	1.4.1 研发投入指数	1/3
				1.4.2 创新指数	1/3
				1.4.3 能效指数	1/3

续表

一级指标		二级指标		三级指标	
指标名称	权重	指标名称	权重	指标名称	权重
2. 网络化社会指数	30%	2.1 基础设施指数	1/3	2.1.1 有线电视接入指数	1/2
				2.1.2 宽带接入指数	1/2
		2.2 数字包容指数	1/3		
		2.3 社会发展指数	1/3	2.3.1 消费水平指数	1/2
				2.3.2 城镇化指数	1/2
3. 数字化生活指数	30%	3.1 数字应用指数	1/2	3.1.1 移动电话指数	1/4
				3.1.2 电脑指数	1/4
				3.1.3 数字电视指数	1/4
				3.1.4 互联网指数	1/4
		3.2 支付能力指数	1/2	3.2.1 移动电话支付能力指数	1/3
				3.2.2 宽带支付能力指数	1/3
				3.2.3 有线电视支付能力指数	1/3
4. 服务型政府指数	10%	4.1 信息公开指数	1/3		
		4.2 在线办事指数	1/3		
		4.3 公众参与指数	1/3		

资料来源：张新红等：《中国信息社会发展测评报告》，经济管理出版社，2011 年。

对于信息化城市发展水平的测算，可从知识型经济、网络化社会、服务型政府、数字化生活四个方面对各构成要素进行分析考察，从中选择关键性指标并对信息化城市发展水平进行测算，最后通过加权合成计算出信息化城市指数（ICI）。

1. 知识型经济表现特征及关键指标选择

知识型经济是指以知识和人才为基础，以创新为主要驱动力，全面协调可持续发展的新型经济形态。知识型经济重知识、重人才、重科技、重环保，信息技术全面渗透到城市经济的各个领域。人力资源知识化、发展方式可持续、产业结构优化、经济水平发达是知识型经济的基本表现和要求，也可以看作是知识型经济的四个表现特征。

（1）人力资源知识化。人是知识的创造者，人力资源将成为支撑知识型经济发展的重要资源。在知识型经济中，对劳动者的知识和技能要求逐渐提高，高学历、高技能的知识型劳动者占比也将逐步增大，人力资源呈现知识化特征。可以选取一些代表性指标，比如"教育投入"（如教育占财政支出比重等）反映城市对教育的重视程度，影响未来人力资源的发展潜力。"居民受教育程度"（如人均受教育年限、新增劳动人口受教育年限等）越高，掌握新技术并将之创造性运用于工作的能力就越强。"在校大学生数量"是综合反映居民信息技术应用能力的重要指标。此外，"万人大学生比重"、"万人科技人员比重"等也都可以从不同侧面反映一个城市人力资源知识化的水平。

（2）发展方式可持续。可持续发展是知识型经济的基本特征。既满足当代人的需求，又不对后代人满足其需求的能力构成危害，是可持续发展的基本内涵。可持续发展强调经济发展的同时必须注重研发创新、节能减排、环境保护。创新能力代表着信息化城市可持续发展的潜力，可以通过专利授权数、研发经费占 GDP 比重、企业研发投入占销售额比重、工业产值中新产品所占比重等指标来反映。万元 GDP 能耗物耗可以用来反映节能减排的水平状况。空气中主要污染物含量、一年中"二级"以上空气的天数、生产和生活用水处理和循环使用比重等可以用来衡量"环境保护"的水平状况。

（3）产业结构优化。产业结构优化主要体现在两个方面：一是在产业结构的演进过程中，科学技术的发展催生了大量的新兴行业，淘汰落后产能；二是科学技术对传统产业进行了改造，增加了科技含量和产品附加值，整个产业过程对信息、服务、技术和知识等"软要素"的依赖程度加深。第三产业占 GDP 比重、第三产业或第一产业就业比重等指标可以作为代表性指标。

（4）经济水平发达。知识型经济建立在工业经济的基础上，是比工业经济更高级的经济形态，其主要资源基础是知识和人力资源，同时也离不开必要的资金和物质资源，生产力较为发达是实现知识型经济的必要条件。一方面，科研与技术投入需要强劲的经济实力作为后盾；另一方面，以信息技术为代表的现代科学技术又进一步促进了经济发展。人均 GDP、城乡居民家庭人均收入等可作为反映一个城市经济发展水平的重要指标。

2. 网络化社会表现特征及关键指标选择

网络化社会是信息化城市的社会表现形态，具有信息基础设施完备、社会服务包容、社会发展协调等基本特征。

（1）信息基础设施完备。信息基础设施高度完善是信息化城市的必然要求。信息基础设施的完备性包括两个方面：一是各种信息基础设施得到极大普及；二是信息基础设施的质量和性能出现大幅度的提升。反映信息基础设施完备性的指标有固定宽带家庭接入率、无线网络人口覆盖率、数字有线电视入户率、固定和无线宽带接入速率等。

（2）社会服务包容。在信息化城市，经济已经高度发达，社会包容问题日益受到人们的关注。所谓社会包容，就是让所有人都能最大限度地享受到社会发展的好处。在信息化城市，数字包容是实现社会包容的重要途径。实现数字包容，一方面可以防止出现新的不平等，另一方面有利于缩小社会中原有不平等造成的差距，变数字鸿沟为数字机遇。数字鸿沟指数、最低工资标准、低保标准及覆盖率、就业及养老保险覆盖率等指标都可以从不同侧面反映社会服务包容性的实现程度。

（3）社会发展协调。在信息化城市，人们的物质需求基本得到满足，社会发展的重点发生了一些变化：一方面更加注重城乡、区域、不同社会群体之间的协调发展；另一方面更加强调发展质量，注重整体水平的提高。反映社会发展协调性的指标有城乡收入比、恩格尔系数、基尼系数等指标。

3. 数字化生活表现特征及关键指标选择

信息化城市中，信息技术广泛应用于人们日常生活的方方面面，人们的生活日益呈现数字化特征。数字化生活主要特征表现为生活工具数字化、生活方式数字化、生活内容数字化等方面。

（1）生活工具数字化。网络和数字产品将成为多数人的生活必需品。传统生活用品的技术与信息含量越来越高，成为人们日常生活必不可少的信息终端。随着技术的不断创新与广泛扩散，其应用成本将显著下降，数字化生活工具将高度普及，由其带来的舒适和便捷将被看作是自然而然的事情。互联网普及率、数字有线电视普及率、手机普及率、宽带普及率、家用电脑普及率、"市民卡"覆盖率等指标可以从不同侧面反映出一个城市生活工具数字化的实现程度。支付能力水平（含移动电话支付能力、宽带支付能力、有线电视支付能力等）在很大程度上影响技术扩散和能否实现普遍服务，也可以用来反映生活工具数字化发展水平。

（2）生活方式数字化。信息化城市中，借助数字化生活工具，人们的工作将更加弹性化和自主化，终身学习与随时随地学习成为可能，网络购物成为主流消费方式，人际交往范围与空间无限扩大，娱乐方式数字化，数字家庭成为未来家庭发展趋势。反映生活方式数字化的指标有工作上网时长、网络购物支出占家庭总支出比重、网上交费用户比重等。

（3）生活内容数字化。在数字化生活时代，人们的工作内容以创造、处理和使用信息为主，学习内容更加自主化与个性化，信息消费成为重要的消费内容，数字娱乐成为多数人娱乐活动的首选。反映生活内容数字化水平的指标有信息类消费占家庭总支出的比重等。

4. 服务型政府表现特征及关键指标选择

信息化城市建设对政府治理提出了新的要求，同时也为实现服务型政府的目标创造了条件。信息化城市条件下的服务型政府，是充分利用现代信息技术实现社会管理和公共服务的新型政府治理模式。在现代技术的支撑下，服务型政府将逐渐体现科学决策、公开透明、高效治理、互动参与等方面的特征。

（1）科学决策。由于信息技术的广泛应用，特别是电子政务的大力推进，政府信息沟通朝着网络化、交互化方向发展，政府获取信息更为及时、便捷和充分，基于信息技术的各种决策分析工具、模型的使用，有助于决策过程和方法的科学化。同时，网络化方便了更多人参与到政府的决策形成过程中，使决策民主化成为可能，不仅可以提高决策的科学性，也将提高政策的实施效果。战略规划目标与实际执行结果的契合度、重大决策咨询评估及听证制度的完善性、市民对政府的满意度等可以用作反映科学决策实现程度的参考性指标。

（2）公开透明。网络、数字广播电视等多种信息公开渠道形成多元化的信息公开网络，公众可以突破时空的限制，随时随地获取政府提供的各类信息。同时，公众通过网络对政府行为进行监督，可以促进政府运行更为公开透明，从而打造信息社会条件下的阳光政府。政府信息公开度、政府网站绩效水平指数、政府网站信息更新及时度等可以用来反映"公开透明"的完善程度。

（3）高效治理。各种信息系统的建立对政府业务进行信息化改造，改变了传统手工办理的方式，将有效降低行政成本，提高政府办事效率；电子政务改变了集权和等级制的金字塔管理结构，使得政府组织结构更为扁平化，促使政府治理模式从管制型向以公众为中心的服务型转变，为公众提供更好的服务。此外，人们可以随时随地在网上找到所需要的服务种类和服务方式，使公共服务效率和质量都得到大幅提升。基础信息一次性采集率、政府部门间信息共享度、全流程在线办理公共服务比例、注册企业所需时间等可以用来反映"高效治理"实现程度。

（4）互动参与。互联网成为政府与公众之间直接沟通的重要桥梁，公众可以通过网络直接向政府反映自己的利益诉求，政府也可以通过网络了解民情、汇聚民智。网络使政民沟通渠道更加通畅和多元化，有助于政民之间相互理解和达成共识，促进决策民主及社会和谐。可以从互动渠道的方便性、响应率、办结率、响应时间、满意度等方面选取相应指标来反映"互动参与"的完善程度。

5. 信息化城市发展水平的测算方法

利用综合指数法对信息化城市发展水平进行测算，大体可以分为四个步骤（见图3-6）：

第一步，选择代表性指标。根据信息化城市的四个基本特征选取关键性指标形成指标体系。在选择关键性指标时，要注意数据的代表性和可得性，最好采用政府各部门公开的统计数据。

第二步，确定指标的标准值。在确定各指标的标准值时，一般采用的是最大目标期望值。如根据实际需求和国际惯例，可以将手机普及率最大目标期望值设为100%，互联网普及率的最大目标期望值设为

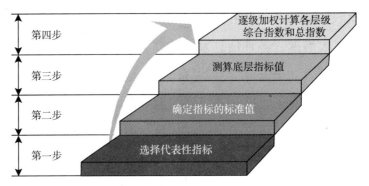

图 3-6 信息化城市发展水平的测算方法

90%等。对于一些不易确定最大期望值的指标，可以信息化城市建设的理想目标为参考进行研究确定，也可以国际现有最高水平为目标值。

第三步，测算底层指标值。将某一指标实际数值与标准值进行对比，即可得到最终指标值。如某一城市当年互联网普及率为45%，则其指标值为 0.5（45%÷90%＝0.5）[①]。

第四步，逐级加权计算各层级综合指数和总指数。一般而言，同级指标可赋予相同权重，也可以根据指数重要程度通过德尔斐法[②]、聚类分析法等统计方法确定各指标的权重。有了各指标的计算值和权重，就可以逐级计算出分类指标综合指数和总指数。

信息化城市建设将长期进行下去，人们对信息化城市的理解和认识也将逐步深入，因此测评体系要有延展性，可根据实际发展需要进行适当调整，逐步完善。

---

① 实际测评中，所有指数取值均介于［0，1］之间。当通过原始统计数据计算指数时，若计算值≥1，则指数值取1。对于大部分指标，数值越高情况越理想，此时可以直接按上述方法处理。对于个别指标，数值却是越低越好，如单位GDP的二氧化碳排放量，这类"逆指标"需要采用"倒数"、"1-原始指标值"等方法反向处理，再与新的标准值对比。
② 德尔斐法是专家会议法的一种发展，是一种向专家进行调查研究的专家集体判断。它是以匿名方式通过几轮函询征求专家们的意见，组织决策小组对每一轮的意见都进行汇总整理，作为参照资料再发给每一个专家，供他们分析判断，提出新的意见。如此反复，专家的意见渐趋一致，最后做出最终结论。

第四章　信息化城市建设做什么？

※信息化城市建设的核心是支撑体系、应用
　体系、保障体系三大体系
※信息化城市支撑体系建设的主要内容包括：
　信息基础设施、市政基础建设、信息产业、
　共性平台等
※信息化城市应用体系建设主要内容包括：
　转变发展方式，打造知识型经济；
　聚焦电子政务，打造服务型政府；
　推广精细管理，打造精致化城市；
　坚持以人为本，打造数字化生活

信息化城市建设的任务涵盖了信息化发展和城市发展的全部内容。但各个城市在不同的发展阶段面临的主要任务会有很大区别，需要审时度势，突出重点，有所为有所不为。从总体框架设计的思路出发，信息化城市建设的任务主要有三个方面，即支撑体系建设、应用体系建设、保障体系建设。

一、确定信息化城市建设的总体框架与主要任务

确定现阶段信息化城市建设任务有多种方法，整体框架设计既是对多种方法的综合应用，其本身也是信息化城市建设的重点任务之一。

1. 总体框架

信息化城市建设就是要围绕城市经济社会发展目标，以提升城市竞争力和吸引力为核心，以信息技术在各个领域有效应用为主线，以基础设施和共性平台建设为支撑，以发展环境不断完善为保障，扎实推进信息社会建设。

信息化城市建设整体框架设计可以描述为：通过支撑体系、应用体系、保障体系三大体系建设，充分发挥信息化在助力城市经济发展、解决城市现实问题、创新城市发展动力、提升城市管理效能、提高市民生活品质、凸显城市发展特色等方面的作用，逐步使城市发展成为具备知识型经济、网络化社会、服务型政府、数字化生活四大特征的信息化城市（见图4-1）。

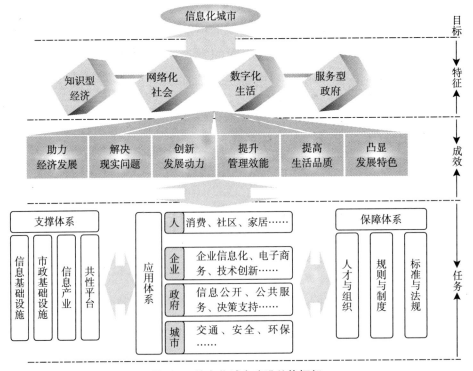

图4-1 信息化城市建设总体框架

信息化城市支撑体系建设的主体内容包括信息基础设施、市政基础设施和信息产业等。

信息化城市应用体系建设是信息化城市建设的核心任务。根据信息化城市的基本特征和建设任务要求，可以从知识型经济、网络化社会、数字化生活和服务型政府等领域分别构建应用体系。每一分支体系下又面临多方面的建设任务，进一步分解通常会落实到一系列具体的建设项目。

信息化城市保障体系由组织、人才、资金、制度、法规、标准、安全等要素构成，各要素的不断完善是信息化城市建设取得成效的重要保障。

2. 主要任务

从不同的角度出发，研究确定信息化城市建设任务有多种思路可供选择，如城市功能思路、主体对象思路、发展阶段思路、信息化要素思路等（见图4-2）。

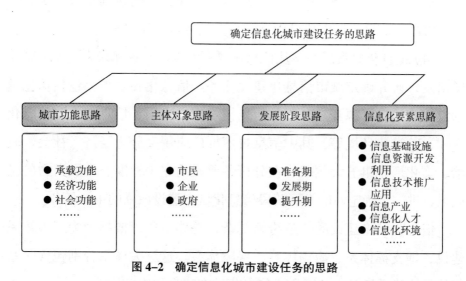

图4-2　确定信息化城市建设任务的思路

（1）城市功能思路：着眼于完善和提升城市功能，研究确定现阶段城市信息化建设任务。城市的主体功能包括承载功能、经济功能、社会功能，城市发展水平及其综合能力在很大程度上取决于这三大功能的完善程度及其相互间的协调性。通过对三大功能及其支撑要素的发展现状、实现程度、存在问题等进行深入分析，可以找到城市发展的制约因素和潜力所在，从而确定下一阶段需要完成的重点任务。

（2）主体对象思路：着眼于满足城市各主体对象的需求，研究确定城市信息化建设任务。市民、企业、政府是城市发展的主体，也是城市发展的服务对象。信息社会条件下，各个主体的需求会有很大变化，准确把握并利用现代信息技术努力满足这些需求，就是信息化城市建设的主要任务。

（3）发展阶段思路：根据信息化城市所处阶段的发展及其进一步发展需求，研究确定城市信息化建设任务。信息化城市发展一般会经历准备期、发展期、提升期三个阶段，不同的发展阶段会存在不同的问题，面临不同的任务。按照这一思路，科学、准确地判断城市所处的发展阶段，信息化城市建设面临的主要任务也就浮出水面了。

（4）信息化要素思路：从信息化要素的发展现状和未来发展客观需要出发，研究确定城市信息化建设任务。信息化要素主要包括信息基础设施、信息资源开发利用、信息技术推广应用、信息产业、信息化人才、信息化环境等，其中信息技术推广应用又分为经济、社会、政治、文化、军事五大领域。在分析各要素的完善程度、发展潜力的基础上，进一步确定新的发展阶段信息化城市建设面临的主要任务。

信息化城市建设的任务纷繁复杂，总体上可以概括为为三大体系建设，即支撑体系、应用体系、保障体系。这三大体系分别包含一系列的具体建设任务，共同构成信息化城市建设的内容体系。

二、完善基础设施，提升城市支撑能力

信息化城市支撑体系是由对信息化城市建设与发展起支撑作用的关键要素所组成的有机整体，主要建设内容包括信息基础设施、市政基础设施、信息产业等。

1. 信息基础设施

信息基础设施是指能以交互方式传送话音、数据、文本、图像、视像和多媒体信息的通信网络及相关设施，包括电信网、广电网、计算机网、大型数据库、支持环境等。信息基础设施既是城市基础设施的重要组成部分，又是信息化城市建设的必要条件。

专栏 4-1

部分国家和地区宽带发展目标

美国：2020 年至少有 1 亿家庭将负担得起上行 100 Mbps、下行 50 Mbps 宽带服务，每个社区都应当享有至少 1 Gbps 的宽带服务。

欧盟：2013 年宽带接入扩展到整个欧盟范围，2020 年整个地区宽带速度不低于 30 Mbps；至少有 50% 的欧洲家庭达到 100 Mbps 或更高。

英国：2012 年所有人都能访问速度达 2 Mbps 的宽带。

法国：2012 年每月宽带上网费用低于 35 欧元，宽带服务普及全国。

德国：2014 年速率达 50 Mbps，覆盖到 75% 的家庭；2018 年再将这一比例提高到 100%。

澳大利亚：光纤宽带网络下行达 100 Mbps、上行达 50 Mbps；无线宽带网络：速度至少达 12 Mbps；卫星宽带网络涵盖全澳大利亚，达 12 Mbps 以上。

日本：2015 年建成任何人、任何时候、在任何地方都可以安全安心且快捷舒适地获取信息的网络系统。固定类网络达到 Gbps 级水平，移动类网络要达到 100 Mbps。

韩国：2012 年为 1400 万用户提供 50~100 Mbps 有线上网服务，2012 年后建造超高速上网基础设施，提供 1 Gbps 有线上网服务。

印度：到 2014 年，63 个大城市每个家庭固定宽带接入下行速率达 100 Mbps，352 个中小城市每个家庭固定宽带接入下行速率达 4 Mbps，城镇每个家庭固定宽带接入下行速率达 2 Mbps。

巴西：到 2014 年发展 4600 万宽带用户，为 75% 的家庭和所有公共机构提供宽带接入。

资料来源：根据《中国信息化发展报告》等资料整理。

从发展趋势看，城市信息基础设施的发展方向是宽带、泛在、融合、安全，其建设任务主要有：

（1）高性能光纤网络建设。一方面，实现光纤到企入户，推进宽带向政府、公共服务机构和社区中心覆盖，并逐步向乡镇和行政村延伸；另一方面，提高宽带接入速率，全面提升宽带性能。如一些城市已经提出"光网城市"行动计划，争取未来 5 年使家庭用户固定网络接入速率从目前的平均 2 Mbps 左右提升至 20 Mbps、50 Mbps 甚至更高。

（2）高速无线网络建设。以 3G 技术为基础，WiFi 技术为补充，在政府机关、商业街区、机场、车站、宾馆饭店、商务楼宇、旅游景区等重点区域实现无线宽带网络无缝覆盖的基础上，逐步实现城乡统一的无线全覆盖。目前一些城市已制定并开始实施"无线城市"建设计划。

（3）新一代广播电视网（NGB）建设。加快升级改造 NGB 传输骨干网络，积极推进互联网、电信网、广电网"三网融合"，实现高清电视节目、数字音视频节目、移动多媒体、高速数据接入和话音等业务的集成功能，为用户提供更加优质、高效的全方位、"一网"服务。

（4）感知基础设施建设。推广应用传感器、射频识别、视频监控、电子标签等各类传感终端，逐步形成互联互通的传感终端网络。

（5）便民信息终端网络建设。在社区、公共场所、办公楼宇等统筹配置信息屏、缴费通等服务终端，形成覆盖城乡的服务终端网络，为广大市民随时随地享受网络化服务提供支撑。

专栏 4—2

上海市信息基础设施建设专项行动

《上海市推进智慧城市建设 2011~2013 年行动计划》提出：围绕构建国际水平的信息基础设施体系，通过政府规划引导，推动相关企业重点实施宽带城市、无线城市、通信枢纽、三网融合、功能设施 5 个专项，落实完善规划体系、规范建设管理、强化机制建设 3 项重点任务，全面提升上海信息基础设施服务能级。

上海市提升信息基础设施的专项行动包括：

（1）宽带城市建设。加快城市光纤宽带网和下一代广播电视网（NGB）建设，实现城镇化地区全覆盖，显著提升网络基础设施能级，建成全国规模最大的光纤宽带、NGB 城市网络，基本建成宽带城市。

（2）无线城市建设。构建起多层次、广覆盖、多热点的全市无线宽带网络。无线局域网（WLAN）热点基本覆盖城市重要公共场所，第三代移动通信（3G）网络实现城乡全覆盖，时分同步码分多址长期演进技术（TD-LTE）率先在国内投入试商用，基本建成无线城市。

（3）通信枢纽建设。继续保持城域网出口容量国内最大，海光缆通信总容量占全国的50%以上，进一步提高通信转接能力，增强服务全国及周边国家和地区的能力，积极创建亚太通信枢纽。

（4）三网融合试点。全面完成国家三网融合试点任务，在基础设施能级、试点业务规模、运营管理模式、应用服务水平和重点产业发展方面实现全国领先，广大市民充分享受三网融合的成果。

（5）功能设施建设。建设国内领先、国际一流的功能服务型信息基础设施，在国内率先部署规模化商用云计算数据中心，部署运算速度居国际前列的超级计算主机系统，为大力拓展存储、灾备、高性能计算、高精度位置等网络增值业务做好基础支撑，满足服务本市及周边地区经济社会发展的需求。

资料来源：《上海市推进智慧城市建设2011~2013年行动计划》。

2. 市政基础设施

市政基础设施是为城市发展和居民生活提供一般条件的公共设施，是城市赖以生存和发展的基础，包括公用事业、公共工程、城市环境和交通设施等。在城市道路交通、供排水、污水处理、电力、燃气、环卫设施等重要工程建设和管理中，利用信息技术对其进行升级改造，已成为提升城市综合竞争力的重要途径和任务。

专栏 4-3

"智能电网"与"数字管网"

近年来,在各地信息化城市建设实践中,"智能电网"与"数字管网"日益受到关注。

(1)"智能电网"。随着各种先进技术在电网中的广泛应用,智能化已经成为电网发展的必然趋势,发展智能电网已在世界范围内形成共识。从技术发展和应用的角度看,智能电网是将先进的传感测量技术、信息通信技术、分析决策技术、自动控制技术和能源电力技术相结合,实现发电、输电、变电、配电、供电等环节的智能化按需管理和城市整体智能化用电,实现电网的可靠、安全、经济、高效、环境友好和使用安全的目标。智能电网建设的主要任务有电力基础设施的智能升级与自动化改造、电网的智能化管理与运行、电力的智能应用与服务等。

(2)"数字管网"。目前我国普遍存在城市地下管线管理制度不健全、资料分散、数据现实性差、管理手段落后等诸多问题,致使停水、停电、停气、通信中断等事故时有发生,甚至引发灾害,给国家、人民财产造成损失,影响城市和谐发展。通过数字管网建设,构建地下管网综合管理系统,建立完备的地下管网数据库系统,形成一张可见、可查、可控的电子地图,实现地下管网信息的实时更新、统一发布,可以为城市防汛排涝、工程建设、施工管理、突发事件应急救援等提供完整、准确的信息支撑。地下管网综合管理系统具有实时监测、预警功能,能够及时发现地下管网存在的隐患,做到预警、定位、决策辅助,确保相关市政基础设施安全运行,为整个城市经济社会的有序运行和健康发展提供保障。

3. 信息产业

以电子信息产品制造业、通信服务业、软件服务业、信息内容服务业等为代表的信息产业既是国民经济的基础性、先导性产业，也是信息化城市建设的重要支撑力量。综观国内外发展形势，当前信息技术革命正在孕育新的重大突破，一系列创新应用层出不穷，不断催生新的产业形态，既为城市发展提供了新的经济增长点，也在不断丰富着信息化城市的内涵。

从发展趋势看，信息产业在以下各领域都存在较大的发展空间：

（1）高端电子信息产品制造业：如传感器、大规模集成电路、大屏幕液晶显示、智能芯片、高端计算机、数控机床、自动化生产线、智能化家用电器等。

（2）软件和信息服务业：包括基础软件，如操作系统、嵌入式软件、中间件、数据库软件、3S（遥感技术、地理信息系统和全球定位系统）软件、信息安全软件等；重点领域信息化的行业解决方案，如交通、建筑、制造业、金融、教育、医疗、物流等行业的解决方案；基础设施服务产业，如数据中心、呼叫中心、容灾备份中心、IT外包服务等；数字内容产业，如数据库服务产业、数字出版产业、文化创意产业等。

专栏 4-4

北京大力发展软件和信息服务业

北京是中国重要的软件和信息服务产业基地，是全球为数不多的产业链完整、综合创新能力强的软件和信息服务城市之一。

产业持续稳健发展，规模跃上新台阶。北京软件和信息服务业营业收入实现从 100 亿元到 1000 亿元的突破用了 6 年，实现从 1000 亿元到 3000 亿元的跨越又用了 4 年的时间。2010 年，北京软件和信息服务业实现营业收入 2930 亿元（同比增长约 22%），实现增加值 1242.2 亿元（同比增长 16.5%），占全市 GDP 的比重达到 9.0%。

产业结构不断完善，优势领域突出。在行业应用软件方面，以政府、金融、电信、制造业、能源、教育等领域的行业解决方案为代表，约占全国市场的 1/3。在信息服务方面，以互联网信息服务、IT 外包、数字内容为代表，成为全国互联网信息服务中心和极具竞争力的全球新兴接包地之一。在企业管理软件、信息安全软件、搜索引擎、网络游戏、大型系统集成等细分市场，北京的优势地位进一步加强。以移动互联网、云计算、物联网和电子商务等为代表的新兴领域收入增速超过 50%，正在形成新的产业增长点。

骨干企业实力增强，国际级企业涌现。北京一批重点软件和信息服务企业在全国、全球的市场地位明显增强。2010 年，年收入 10 亿元以上的软件和信息服务企业超过 40 家，占全行业业务总收入超过 40%，5 家企业人员规模过万，3 家外包企业入围全球外包百强，30 家企业入选中国软件业务收入前百家企业，55 家企业入选国家规划布局内重点软件企业。

创新能力不断提升，产业集聚效应明显。2010 年，北京软件著作权登记量为 24905 件，占全国软件著作权登记总量的 30.4%。跨国公司在北京设立的研发中心超过 100 家。

北京软件和信息服务业"十二五"的目标是：继续扩大软件和信息服务业在全国领先优势，进一步增强首都支柱产业地位，推动北京向世界级软件和信息服务业城市迈出坚实的步伐。2015 年收入达到 6800 亿元，产业增加值占地区 GDP 的比重达到 12%左右。产业结构更加优化，软件服务的比重超过 60%，新兴业务收入比重超过 20%；成为世界最具潜力的接包地之一，出口额力争达到 45 亿美元；培育一批具有全球竞争力的大型企业，营业收入过百亿元的企业超过 5 家。

资料来源：北京市经信委。

虽然信息化城市建设并不意味着必须大力发展信息产业，也不是所有城市都具备全面发展信息产业的基础和条件，但每个城市都有突出重点发展特色信息产业的机会。在准确把握未来发展趋势、充分发挥自身优势的基础上，找准突破口加快某一特色产业的发展，对加快信息化城市建设步伐具有重要意义。

三、转变发展方式，打造知识型经济

中国是一个发展中大国，面临工业化与信息化发展双重任务，没有必要也不可能再走发达国家先工业化后信息化、先污染后治理的老路。中国有着良好的发展基础和诸多独特的优势，充分利用好信息技术革命带来的机遇，完全有可能走出一条"两化融合"的新型工业化道路，在加速工业化进程的同时实现信息化目标。转变发展方式，打造知识型经济，从现在开始就应该成为城市经济发展的主旋律。

发展知识型经济的重点内容是：充分利用信息技术，大力推进两化融合，转变发展方式，构建起符合信息社会发展需要的现代产业体系。

1. 现代工业

发展现代工业要充分利用信息技术提高工业产品深加工程度，生产高附加值产品，严格执行环保标准，助力发展循环经济。新型工业化道路不只是追求经济效益，而且是在保护环境、降低资源消耗以及发挥人力资源优势的基础上，以科技推动工业发展。推进信息化与工业化融合，有利于充分发挥信息化的渗透、倍增和创新功能，提升制造业的技术水平和市场竞争力，加快实现经济发展向创新型、集约型、开放型、融合型的方向转变。重点可从以下几个方面着手：

（1）提升行业和企业信息化水平。推进钢铁、化工、汽车、纺织服装等重点制造行业"两化融合"，以提高装备智能化水平和优化工艺流程为重点，深化现代信息技术在企业研发、生产、管理、营销等环节中的应用。推广柔性制造、敏捷制造、虚拟制造和网络化制造，促进信息技术与制造技术的融合发展，促进传统制造业向服务型制造业转变。普及企业电子商务应用，不断创新网络化商业模式。

（2）促进节能减排。利用信息化手段促进工艺流程改造，鼓励和支持钢铁生产、汽车制造、石油化工等高耗能行业采用智能优化控制技术，提高能源利用效率；在重点企业推广应用污染物排放数据实时采集和分析、资源循环利用等技术和系统，降低污染物排放水平。强化对能耗大、排放高等重点行业的监管，提高环境执法的智能化水平。引导企业利用信息化手段进行节能减排的技术改造，并提供政策支持。整合与节能减排相关的信息采集、监测和管理系统，形成覆盖城市重点区域、重点行业、重点企业的节能减排监控与信息平台，为节能减排工作测评考核提供翔实的数据和信息依据。

（3）建设企业信息化公共服务平台。整合软件开发商、内容服务商、电信运营商资源，建立合作共赢的商务运营模式，为企业提供信息服务、IT咨询、人才培训、贷款担保、应用软件与设备租赁、技术支持服务等公共服务。

2. 现代服务业

服务业发达是信息社会产业结构的显著特征之一。在构建现代服务业体系过程中，既要大力发展生产性服务业，又要全面提高服务业的信息化水平，并大力发展电子商务。

（1）大力发展生产性服务业。生产性服务业是指为生产过程提供中间服务的服务型产业。生产性服务业贯穿于企业生产、流通、分配、消费等社会再生产各个环节：在上游有可行性研究、风险资本、产品概念设计、市场研究等，在中游有质量控制、会计、人事管理、法律、保险等，在下游有广告、物流、销售、人员培训等，这条完整的产业链既构成了具有高度成长性的新兴产业，又日益成为市场经济至关重要的发展软环境。各个城市可以从消除制约服务业发展的体制性障碍、加大政策支持力度、强化产业关联、加强自主创新、优化产业布局等方面制定政策措施，扎实推进生产性服务业发展。

（2）提高服务业信息化水平。无论是生产性服务业、新兴服务业，还是消费性服务业、传统服务业，其本身都面临利用信息化手段提升服务能力和服务品质的任务，信息化将成为服务业现代化的内在要求和基本特征。服务业信息化有三个层面：一是通过企业内部信息化建设，提升企业的经营管理水平；二是通过服务手段信息化，提高服务效率和质量；三是通过建设公共服务平台，不断完善服务业信息化的发展环境。

（3）大力发展电子商务。建设支付结算、交易保障、物流配送、安全认证等电子商务公共基础平台，建设个人和企业征信与信用服务体系，建立和完善电子商务国家标准体系，不断完善电子商务发展环境。以研发补贴、税收优惠、贷款贴息等方式，积极推动电子商务标杆企业发展，大力推广电子商务在企业尤其是中小企业中的应用。

四、聚焦电子政务，打造服务型政府

充分利用信息化手段，以电子政务为突破口，建设科学决策、高效治理、公开透明、广泛参与的服务型政府，既是信息社会的客观要求，又是政府更好地履行宏观调控、市场监管、社会管理、公共服务职能的内在需要。

经过十多年的发展，我国电子政务取得了长足进步，但整体水平仍不高，还存在一些突出的问题，如面向公共服务和改善民生的重要信息系统建设明显不足，条块分割、信息孤岛、重建设轻应用现象依然比较严重等。

从全国及各地区发展规划看，今后一段时期城市电子政务发展将更加注重顶层设计、强化建设效能，在建设目标、建设思路、建设方式等方面都会发生一些改变。电子政务建设过程中将着重体现三个原则：一是问题导向或需求导向原则，强调以解决与民生相关的重大社会问题为出发点；二是能力提升原则，强调以提升政府部门公共服务能力为核心；三是协同共享原则，强调以促进部门间业务协同、资源共享为重点，提升建设成效。

当前电子政务建设的重点主要体现在以下几方面：

1. 业务系统建设与应用

围绕保障和改善民生，重点推进医保、医疗、公共卫生、扶贫救助、就业等领域的信息资源共享，完善社会保障、医疗卫生管理、就业服务信息、远程医疗、数字化医院、便民医联等工程建设，提高社会保障和服务能力。

围绕公共安全，强化防汛抗旱、农林水利、安全生产、自然灾害、城市应急、环境保护、治安管理等领域的预警预测、应急指挥及辅助决策系统建设，加强各种监测、监控和各类应急决策指挥系统建设，提高政府应对自然灾害和突发性事件的应急处置能力。

围绕提高行政效率，加快推进以信息共享、业务协同、应用集成为重点的电子政务建设，使全社会共享电子政务建设成效。加强重要信息系统建设，推进跨部门协同平台应用集成。建立集中与分布相结合的政务信息资源体系，强化基础性信息资源的开发利用，促进政务信息资源的规范管理、快速查询和按需共享，为各类应用服务提供支撑。

围绕政治文明建设，推进政务公开，畅通政民互动渠道。鼓励政府各部门积极利用政府网站、领导信箱、市民热线、政务微博等促进社会和谐。

2. 促进政务信息资源整合共享

广泛而深入的政务信息资源开发利用于政于民均具有重要价值。随着全国范围内持续多年的电子政务建设，政务信息资源开发也取得长足进步。下一阶段，为更好地支撑政府部门内部行政效能提升、部门间协同效率提高、公共管理与服务水平显著增强，构建统一的城市数据中心、整合开发基础数据库、健全政务信息整合机制、完善信息公开机制等，将成为政务信息资源开发利用的重点。

（1）构建统一的城市数据中心。探索应用云计算等技术，建立完善政府信息资源共享交换平台，提高政府信息资源的采集、处理和共享能力。通过建立统一采集、集中管理的政府数据中心，将原来分散在各部门的数据进行集中管理，建立纵向采集和横向采集相结合的数据采集更新机制，并制定相应的接口技术规范和数据标准，促进各政府部门间的业务协同。如北京、宁波等城市已建立起全市统一的政府数据中心，为政府各部门提供共用机房，统一实现网络接入、网络管理、信息安全管理、资源管理、共享交换等功能。

（2）建设基础数据库和应用型数据库。继续做好人口、法人、空间地理、宏观经济四大基础数据库建设工作。围绕信息化城市重点建设任务，开发并建设健康保障、住房保障、社会保障、食品安全监管、药品安全监管、能源安全保障、安全生产、市场价格监管、金融监管、社会信用建设、生态环境保护、应急维稳保障等应用型数据库体系，为各类应用系统切实发挥成效奠定坚实基础。

（3）健全政务信息共享机制。基于面向公众提供信息服务和提高政府管理水平、办事效率的需要，出台政府信息资源共享管理办法，建立政府信息资源共享目录和标准体系，对现有的政府信息资源按照科学的方法，通过数据整合、内容整合、过程整合等，实现特定范围内的政府信息资源共享，满足不同用户对信息的不同层次的需求，从而发挥政府信息资源和网络的最大价值。

（4）完善信息公开机制。信息公开是实现信息共享的前提。健全的政府信息公开机制应进一步扩大公开对象和信息内容的范围；政府各部门应当坚持"以公开为原则，不公开为例外"，在各自职责范围内做好政府信息资源采集、维护、更新和共享工作；建立健全信息公开问责制。

专栏 4-5

宁波市数据中心

宁波市数据中心于 2004 年 1 月开始建设，其基本定位为市政府部门信息化系统的软硬件基础平台、政务信息资源交换平台，同时也是能够提供统一扩展应用服务的支持中心，主要为政府信息化系统和重大公益性信息化系统提供运行环境和相关服务。

通过前两期的项目建设，数据中心功能不断完善。已可提供包括域名解析、设备托管等在内的 17 类服务，有用户单位 88 家，承担信息化项目 346 项，服务数达 647 个，共有设备 209 台。数据中心已成为政府部门信息化系统统一的软硬件基础平台、统一应用支撑平台和提供服务的支持中心，并展现了政府云计算中心的雏形。

数据中心建设在政务信息资源交换应用方面的效果显著。投入运行至今，已有 4 个虚拟交换域，并实现了和 3 个县（市）区交换平台的对接，每月交换量达 6000 万条，已经进入的重要项目包括市金宏工程、市法人库、市企业征信系统即企业基础信息交换与共享系统、市"数字城管"等，在电子政务建设中发挥着越来越重要的作用，集中建设、集中运维管理的优势得到了充分体现。

数据中心建设产生了显著的经济效益。据初步测算，在基础设施投资领域，如果由各个部门自行分散建设，大约需要 8700 余万元投资，而截至目前数据中心的总投资为 1395 万元，累计已节省投资约 7300 万元；在日常运维方面，如果各部门分散进行，共需约 1200 万元，而目前数据中心的年运维费用约 220 万元（按 2010 年财政安排额度计算），每年可节省运维费用约 1000 万元。

　　宁波市数据中心建设取得上述成效的一个重要原因，就是采取了集中建设、集中运维的管理模式，并注重制度建设。如为规范数据中心的管理，2007 年 1 月《宁波市数据中心管理办法（暂行）》出台。根据该管理办法，市信息产业局是数据中心的主管部门，履行数据中心管理职责；市发改委对加入数据中心的信息化项目的申请进行审批；市财政局负责监督数据中心建设资金和运维费用的使用；市信息中心是数据中心的运行维护单位，负责数据中心的日常运行维护。这种集中建设和集中运维管理模式改变了政府部门自成一体、重复建设的局面，大大提高了设施资源利用率，减少了电子政务建设和运维成本；同时可以为各部门电子政务应用提供可靠的运行环境和专业化的服务，政府部门可以集中有限的人力、财力专注于个性化的应用开发，降低了部门信息化的难度。同年出台的《宁波市政府信息资源共享管理办法》，就政府信息资源的采集和数据库建设、共享目录和交换体系建设、共享方式和要求、安全保障、监督管理等问题进行了详细的阐述和规定，对推动政府信息资源优化配置和有效利用具有重要意义。

3. 完善政府门户网站体系

　　政府门户网站的功能不是简单的信息发布，而是应将公众作为政府的"客户"，以公众为中心提供有效的信息内容、业务办理等服务，畅通政民沟通渠道。

　　（1）转变观念，由偏重政府自我服务向注重公共服务转变。政府网站以服务公众为中心，是建设服务型政府的内在要求，也是网站自身发展的必然要求。必须树立"以服务公众为中心"的意识，做好用户需求分析，使公众能够通过政府网站方便地享受到政务信息服务，能够快捷方便地办理各种事项。切实减少我国政府网站普遍存在的用户使用率低、用户满意度低的现象，推动服务型政府的形成。

（2）服务上网，由政府信息上网向兼具服务性业务上网转变。推动网络服务内容逐步由政府信息上网转化为政府服务性业务上网，丰富在线服务的内容，提高在线办事服务的质量，确保公众在任何时间、任何地点都能以多种方式在线办理相关事项。

（3）整合服务，由分散管理向政府门户网站"一站式"服务转变。电子公共服务向基层延伸，政府门户网站成为为民服务的重要渠道。居民和企业可以通过门户网站查询所有政府公开信息。公共服务项目全面上网，居民可以"一站式"办理户口、住房、社保等大多数政府服务事项；企业可以"一次性办结"注册、年审、纳税、信息上报、社保等项目。

五、推广精细管理，打造精致化城市

城市管理是城市发展中永恒的课题，也是信息化城市建设过程中最富有挑战性和创新性的问题。充分运用信息技术手段，建立全新的信息化城市管理模式，是所有城市面临的重要任务。

信息化城市管理是利用诸如无线网、云计算、物联网、泛在网等先进的信息技术，处理、分析和管理整个城市的所有部件和事件信息，促进城市管理现代化，为达到预期的管理和安全目的而实施的集成化、体系化、智能化、可视化的综合性管理。其建设内容涵盖城市基础设施管理、视频监控、监管数据采集、协同办公管理、移动办公管理、综合绩效管理、基础数据共享交换、基础数据标准化、应急管理等系统。

目前各城市比较普遍的做法是利用信息化手段加强人口精准管理、城市部件与事件管理、交通管理、环境保护和安全保障等。

1. 人口精准管理

根据证件、居住、社保、企业、社区等各项服务事项，建立起网格化人口管理服务体系和城市人口管理信息系统，动态感知城市人群的活动信息，实时、准确掌握人口流动、区域分布、结构变化等信息，服务于城市规划、管理与运行，实现对城市人口的精准管理。

2. 城市部件与事件管理

城市部件与事件管理是应用网格管理等方法和技术，对公共设施、园林绿化、房屋土地及其构成要素等城市部件进行编码标识和统一管理，对街面秩序、市容环境、施工管理、突发事件等城市事件进行监控和管理。通过城市部件和事件信息化处理，实现对城市部件和事件的全面可视化监控、智能化管理，创新数字化城市管理新模式，全面提升城市管理的效率和效益。

3. 智能交通

智能交通是指利用人工智能技术、自动控制技术、计算机技术、信息与通信技术及电子传感器技术等，建立实时、准确、高效的综合交通运输管理系统。发展智能交通的目的在于利用智能化手段提高监控与管理能力，尽可能预防和减少交通事故；利用信息手段实现智能调度与诱导，缓解交通拥堵，提高行车效率和交通效益；科学分析和预测交通流量，提高城市交通管理水平，为交通决策提供依据。

目前城市在发展智能交通方面的主要任务包括：普及推广路网监控、射频识别、卫星定位、动态导航、车载定位设备、公共收费停车场电子计费、公交车站电子站牌等技术手段的应用，推动各相关部门信息共享与协调联动，实现智能化的交通调控、交通安全应急指挥、车辆精准管理等。同时，为出行者随时随地提供路况、换乘、停车引导等信息，提高交通运行效率，保障城市畅通有序。

专栏4-6

智能交通系统主要应用

从目前的建设实践看，智能交通系统的具体应用主要有：

（1）智能停车与诱导系统：向出行市民发布停车场、停车位、停车路线指引等相关信息，引导驾驶员抵达指定的停车区域；停车的电子化管理，实现停车位的预订、识别、自动计时收费等。智能停车与诱导系统可提高驾驶员的停车效率，减少因停车难而导致的交通拥堵、能源消耗等问题。

（2）电子收费系统（ETC）：将原有人工收费的作业过程自动化，车辆不必减速缴费而可快速通过的系统。电子收费系统的特点是不停车、无人操作和无现金交易。主要包括两部分内容，一是电子车牌系统，二是后台计费系统。

（3）智能交通监控与管理系统：利用地磁感应与多媒体技术，对各道路的车流量情况进行实时采集与整理，实时监控各路段的车辆信息与数据，同时自动检测车辆的车重、轴距、轴重等信息，对违规车辆以自动拍照与录制视频的方式辅助执法。

（4）智能公交系统：通过对域内公交车进行统一组织和调度，发挥公交车辆的定位、线路跟踪、到站预测、电子站牌信息发布、油耗管理等功能，以及公交线路的调配和服务功能，实现区域人员集中管理、车辆集中停放、计划统一编制、调度统一指挥以及人力、运力资源在更大范围内的动态优化和配置，从而降低公交运营成本，提高调度应变能力和服务水平。

（5）综合信息平台与服务系统：对各应用系统和感知数据进行全面的采集、梳理、存储，一方面将存储数据进行处理、分析，为管理和决策提供必要的支撑依据；另一方面将综合处理的信息通过多种渠道（大屏幕、网站、手机、电视等），以不同的方式及时发布给出行市民。

当然，随着信息技术的进步和人们需求的变化，智能交通系统还会衍生出越来越多的深化应用。

4. 信息化环保

信息化环保是指利用现代信息技术手段，构建环保设施互联、环保信息互通的实时感知、高速信息传输和智能环境分析与决策的信息化环保系统，解决现实或潜在的环境问题。环保系统的建设还有利于普及环保知识，提升环保意识，协调城市与环境、产业与环境、人与环境的关系，在促进经济社会进步的同时，创造生态的、宜居的信息化城市。

从近期看，信息化环保的重点任务包括：在企业与家庭推广普及智能电表、智能水表、智能燃气表和供热计量器，实现远程计量、分时段计费和智能调节；对重点能耗企业、大型公共建筑、学校、政府部门实施室温监控和能源消耗监测；对城市大气环境、河湖水源、重点污染源、垃圾处理场等重要环保信息 24 小时自动监测和公布。

专栏 4-7

太湖上的"水上哨兵"

2008 年，太湖蓝藻暴发造成居民饮用水污染，太湖治理提上日程。现在不用亲临太湖，坐在办公室里就能随时了解太湖蓝藻及水体变化情况，这都得益于"水上哨兵"，采用传感技术的水质自动监测站，可有效避免发生饮用水安全事故。

为了及时获得太湖水质的第一手资料，2009 年无锡首度运用物联网新技术在太湖大范围布放传感器，通过无线传输方式 24 小时在线监测太湖水的各项变化。截至 2009 年底，五里湖、梅梁湖、贡湖和宜兴沿岸等水域已相继投放设立了 86 个固定式、浮标式水质自动监测站，覆盖饮用水源地、主要出入湖河道、太湖湖体和重点监控水域，总投资 1.8 亿元。

浮标站采用 GPS 卫星定位，通过太阳能电池板提供工作电力；浮标搭载着水质监测设备，能够快速监测出湖水的 pH 值、溶解氧、浊度、蓝绿藻等 7 项水质数据，并通过 GPRS 将数据无线传输到后方的数据监测平台。目前总共有 15 个浮标式监测站分布在无锡的环太湖水域，大体覆盖了出入湖河道和重点水域。浮标站对水质的监测不受风雨雷电等恶劣天气影响，人们在监控室内看电脑屏幕就能了解水质状况，一旦某个水域的水质遭到突发污染，相关人员的手机上还会立即收到信息。

资料来源：张新红等：《中国信息社会测评报告》，经济管理出版社，2011 年。

5. 信息化安全保障

公共安全关系国计民生、社会稳定和人民生命财产安全，利用现代信息技术加强社会安全保障，是信息化城市建设的基本任务之一。公共安全是指多数人的生命、健康和公私财产安全。公共安全问题一般包括四个方面：一是自然灾害，如地震、洪涝等；二是技术灾害，如交通事故、火灾、爆炸等；三是社会灾害，如骚乱、恐怖主义袭击等；四是公共卫生事件，如食品、药品安全和突发疫情等。

近期看，信息化安全保障的重点任务有：视频监控覆盖城市全部重点场所和关键部位，安全生产网络覆盖重点行业生产经营单位和特种设备，建立食品、药品等重点产品的信息追溯系统，实现安全生产、社会公共安全、卫生食品安全、消防安全、应急响应等多部门联动。

专栏 4-8

我国开展肉类和蔬菜质量追溯体系建设试点工作

2010 年，商务部等部门决定用 3 年左右时间，在部分大中城市进行"一荤一素"也就是肉类和蔬菜质量追溯体系建设试点。

2010 年 10 月，"全国肉类蔬菜流通体系建设试点工作会议"确定，将南京、大连、上海、无锡、杭州、宁波、青岛、重庆、昆明、成都等 10 个城市作为试点城市。目前猪肉和蔬菜质量追溯体系建设已有了良好开局，产生了一定效果，比如在应对 2011 年 3 月发生的"健美猪"事件中发挥了重要作用，在河南和南京迅速找到了发源地。

2011 年 3 月 22 日，商务部例行发布会称，2011 年将在已有 10 个试点城市的基础上，再新增 10 个试点城市，进一步开展猪肉和蔬菜质量追溯体系。这项工作的核心，就是要在这 20 个城市建立猪肉和蔬菜从田间地头到整个分销系统，到城市的菜市场、餐桌整个链条的逆向追溯，就是从最后一个环节能够追溯到生产地。

据悉，这项工作已经有了很好的起步，比如江苏省除了苏州和无锡两地纳入 10 个城市的追溯体系之外，已经在全省所有的地级市开展了追溯体系的建设。目前商务部开展的这项工作在猪肉方面已经涵盖了 10 个城市 168 家机械化的定点屠宰场和 93 个大型批发市场，在生产、屠宰、流通环节建立起追溯体系。

资料来源：《商务部：新增 10 个城市开展猪肉蔬菜质量追溯体系》，网易财经，http: //money.163.com/11/0322/12/6VOH0IMF00253CAA.html。

六、坚持以人为本，打造数字化生活

作为城市的主体，人的全面发展和生活品质的全面提升是城市发展的根本目标。打造数字化生活就是要依托先进的信息技术，让个人在信息时代可以更加灵活、便捷地接收、处理和交换信息，全面提升学习、生活、工作、休闲娱乐的品质。

数字化生活是一种全新的生活方式。市民可以随时随地接入宽带网络，获取信息服务，新的就业方式不断涌现。数字消费普及，市民通过手机、计算机、高清交互电视享受购物、在线内容、文化娱乐和网络学习等各类数字化服务。居家老人通过智能终端便捷地享受各类助老服务，残疾、病患人群通过各类智能化的专用设备享受到悉心的服务。可交换的电子病历和居民健康档案基本普及，使用预约挂号、双向转诊等服务，在定点医疗机构持卡就医、实时结算。在网上可以查询保障性住房等各类政务公开信息，通过网络获取个性化服务。利用丰富的在线学习资源，数字化学习成为全日制教育和市民终身学习的重要方式。

数字化生活内容非常广泛，从各个城市的发展实践看，主要任务有信息化教育、信息化医疗、信息化社会保障、信息化社区、智能家居、市民卡、市民服务热线等多个方面。

1. 信息化教育

信息化教育是指充分运用现代信息技术，实现教育资源、教育管理、教学方式的数字化、网络化、智能化。信息化教育的主要功能是为教育行业中的学生、教师、家长和管理机构提供现代化智能化的教学互动、就业指导、教育管理环境，并通过技术手段提升校园安全水平，为广大师生家长营造和谐、高效的现代教学环境。

信息化教育应用系统一般包括四大类：教学类、就业类、管理类、安全类。教学类应用包括远程教学、课堂录播、在线教研、教学资源库建设等；就业类应用包括招聘需求、就业指导、职业规划、应届生简历库、本地企业对接系统等；管理类应用包括办公自动化、学籍管理、成绩管理、综合素质评价等系统；安全类应用包括网络视频监控、智能传感监控、报警、门禁、应急广播等系统。从目前看，信息化教育的主要任务有：加强教育信息基础设施建设，推进各级各类学校全面实现多媒体教学，大力推进教育资源数字化开发工作，加快建设教育基础信息数据库和教育资源公共服务平台，促进基础教育资源大众化、网络化应用，促进优质教育资源充分利用和均衡配置。

2. 信息化医疗

信息化医疗又称为电子保健、数字医疗、智慧医疗等，整体结构由三大部分组成：信息化医院系统、区域卫生系统、家庭健康系统。信息化医院系统是信息化医疗应用最早也是具有良好建设基础的部分，新兴信息技术在信息化医院的运用使得该系统得到进一步的提升，可以为市民提供高品质的医疗服务；区域卫生系统包括区域卫生平台和公共卫生系统，是跨区域、跨部门的整合医疗服务体系，旨在为市民提供最广泛、最全面的医疗服务；家庭健康系统是市民居家健康服务的提供系统，为市民提供足不出户的医疗护理。

实现市民"医疗有保障、看病更方便、预防少生病、治病少花钱"，是信息化医疗体系建设的发展方向。当前，信息化医疗的重点任务是，加快市民卡与就诊卡、健康档案、电子病历的整合应用，实现"同城互认"、"双向转诊"、"远程医疗"、"疾控预警"、"药品监管"等公共医疗服务，建设区域卫生信息平台。

专栏4-9

北京市卫生信息化取得成效

北京卫生信息化以电子健康档案和电子病历为核心，主要包括公共卫生信息化和医院信息化。自2003年开展非典防治工作以来，公共卫生信息化得到进一步加强，疾病预防控制、卫生监督、妇幼保健、血液管理、新农合、基层卫生等核心业务实现了信息化管理。截至2010年9月，全市三级医院门急诊和住院医生工作站的建设率已达98%，11家远郊区县区域医疗中心医院门急诊和住院医生工作站建设率达100%；100%的三级医院建立了网站。

北京市卫生信息化的重点任务包括：以电子病历和居民健康档案为核心，建设一张连接市、区县、基层各级各类医疗卫生机构的网络；构建满足公共卫生和医疗服务数据信息互联共享的市区两级卫生信息交换平台；建立执法相对人、医疗卫生资源和居民健康档案三个数据库。目前全市已经建立 574.6 万份电子健康档案，全市三级医院均不同程度地开展了以电子病历为核心的医院信息系统建设，为病人提供就医便利。

卫生信息化从服务市民、服务医疗卫生工作人员、服务政府三方面体现出其应用成效。第一，市民在获得医疗卫生服务方面更加方便、全面，办事更加便利；第二，卫生信息化建设和应用在一定程度上改进了各项业务工作流程和工作模式，促进了业务的规范建设，使医疗卫生从业人员减轻了工作负担，提高了工作效率；第三，基于信息化建设可以及时、准确、完整地采集并积累大量数据资源，因而为政府科学决策提供了客观依据。

免疫规划信息系统：有效解决疫苗漏种、异地接种、流动人口疫苗接种等问题。接种儿童可以实现"一地建卡，异地接种"，"想在哪打，就在哪打"，给居民免疫接种带来了便利。该系统还可以通过手机短信的方式将基础免疫规划疫苗的接种预约通知发送给家长，以便家长按照约定的时间及时打疫苗，避免漏种。

社区信息系统：建立动态实时更新的、覆盖生命全周期的居民电子健康档案。方便社区医生及时、全面了解居民及家庭的健康情况，进行主动连续的健康服务管理，发挥家庭医生"守门人"作用。

转诊系统：全面支持社区到大医院的转诊。通过社区系统，社区医生发出转诊请求，大医院通过转诊平台安排患者转诊，转诊通知可直接发送到患者手机上，患者不必到社区中心取转诊单，而是携带有效证件直接去有关医院就诊，简化了转诊流程，提高了效率。

血液管理信息系统：实现用血医疗机构与采供血机构血液信息

联网，通过医院用血病人及输血不良反应的信息反馈，为采供血机构采血、库存等各环节的血液质量跟踪提供了数据依据，并形成了全市血液的跟踪溯源信息链。

医联码项目建设：向非医保病人发放全市统一的医联码，可以将患者在不同医院的就诊卡进行关联。使用统一医联码，可减少患者反复排队，更好地方便患者就医。在院内用唯一身份识别的条码号进行就医、划价、检查、取结果、取药，通过信息化管理手段，可减少医疗差错。

新农合信息系统：方便全市13个涉农区县272多万参合农民看病报销，报销周期从以前的至少1个月（共8道程序）减少到目前只需5~10分钟（3道程序）。

资料来源：北京市经信委。

3. 信息化社会保障

信息化社会保障建设的主要任务有：深化人力资源和社会保障、社会救助领域信息化，推动养老、医疗、失业、工伤、生育、低保、优抚安置等领域的信息资源共享和网上服务整合，促进劳动保障网络向社区和乡村延伸；推动劳动保障资源整合、信息共享和业务协同，提升跨地区转接能力；建立健全以城市为核心、覆盖城乡的就业信息服务体系，促进劳动力的有序流动，促进社会充分就业。

社会保障卡（简称"社保卡"）的推广应用是信息化社会保障的重要载体和集中体现。

专栏 4-10

社会保障卡的发展

社会保障卡是"人人享有社会保障"的有效凭证，是由国家人力资源和社会保障部统一规划，各地人力资源和社会保障部门面向社会发行的集成电路卡（IC 卡），主要围绕医疗、养老、工伤、生育、失业五大社会保险领域应用。

我国社会保障卡 1999 年开始起步，从一开始就坚持了"四个统一"，即统一的技术规范、统一的管理流程、统一的密钥体系、统一的产品质量管理体系。有了这四个统一，就可以为实现一卡多用、全国通用打下良好基础。

社保卡在初期阶段进展并不快，1999~2007 年一共批准下发了3000 多万张，其中上海市 800 万张、深圳市 600 多万张。2007 年后加快了发展步伐，到 2010 年底全国已批准发卡量 2 亿张，实际发卡1.03 亿张。

从各地社保"一卡通"的实际应用看，其功能涵盖了人力资源社会保障各项业务，包括医保、养老、失业、工伤、生育、就业、培训等。有些地区通过与银行的合作，还使其具备了"银行卡"的金融功能。总体上看，社保"一卡通"将具备信息采集、电子凭证、实时结算、异地结算、信息查询、金融服务等多项功能。

4. 信息化社区

社区作为城市的基础单元，是城市居民生存的载体，信息化社区建设是打造信息化城市的重要切入点。

信息化社区也被称为数字社区、智慧社区等，是指通过建立社区管理与服务综合信息平台，整合社区内的各类信息系统和资源，应用各种信息化手段加强社区管理，丰富和改善社区居民生活服务。通过信息化社区建设，逐步完善并整合社区内社会保障、计划生育、民政福利、社区管理等应用系统，可以实现社区安防、能源管理、停车管理和社会服务智能化，为市民提供更加便利、舒适、放心的家庭服务、养老服务和日常生活服务。居民可以在社区办理各种事项，享受网上图书馆、网上医院和网络娱乐等数字生活。

5. 智能家居

智能家居是指通过信息技术与居家环境的融合，实现生活方式的智能化，也可统称为信息化生活。狭义上看，智能家居仅限于住所，即家庭环境的智能化，更多地强调物理环境的智能化改造。目前各地以示范项目为主的智能家居建设，使用的多是狭义的智能家居概念。广义上看，智能家居涉及与生活相关的所有内容，更多地强调生活内容及其方式的智能化，涉及生活、工作、交往等诸多领域，如远程办公、社区服务等。广义上的智能家居的概念包含居家环境的智能化，但内容更为丰富，也更符合信息化生活的本质要求。数字化设备、网络化连通、智能化控制是智能家居的三大要件，但其核心是生活内容和生活方式的信息化。

从信息化生活的内涵看，智能家居的内容一般包括以下几个方面：一是智能家电。在理想状态中，家里的所有设备都应是数字化、网络化的，可实现远程控制和智能调节。这些设备包括电视、电话、电脑、音响、灯具、空调、冰箱、洗衣机、电饭煲、热水器、门窗、机器人，甚至包括厨房、衣柜、睡床等所有可能会用到的物品。二是智能安防。门禁系统能识别主人身份，外人未经允许不得入内。通过手机或电脑可随时查看家里的情况，一旦发现可疑人员，系统在抓拍的同时能及时短信通报。如有烟雾浓度超标、燃气泄漏等情况，安保系统会主动向交互终端发出报警信号。三是电子商务。绝大多数商品可以通过网上订购，并通过网上付费完成。在家就可通过智能交互终端完成所有缴费项目，不用再跑营业网点。四是智能看护。在老人和儿童身上配备相应的传感器，随时实地监测其身体状况和活动轨迹，"如影随形"地进行监护。卧室还可以安装紧急求助按钮，一旦出现紧急情况将通过无线信号发送给智能交互终端，并通知小区物业管理人员或其他救护人员。五是信息服务。所有与居家生活相关的信息都可以实现定制化服务，足不出户能知天下事，社区信息服务一览无余。六是居家办公。网络、可视电话、视频会议系统等将打破时间与空间限制，在家办公成为可能。

6. 市民卡

在常住人口中普及市民卡（含社保卡、实名交通卡等），以市民卡为载体整合便民服务资源，实现一卡多用。居民可以持卡享受医疗、就业、养老等各类社会公共服务，还可以用于乘车、购物、出入旅游景点。

目前市民卡在全国逐步推开，并开始显示出较好成效。如杭州市，到 2010 年底已累计发放市民卡 230 万张，持卡人群覆盖杭州主城区 16 岁以上杭州户籍市民（覆盖率超过 90%）和部分参加杭州市级企业基本医疗保险的非杭州户籍人员。市民卡公共服务体系已经完成服务窗口、96225 电话热线、网站、短信平台、自助服务机构以及社区信息亭等系统建设，可以为持卡人提供全面、快捷、方便的服务。

专栏 4-11

市民卡

市民卡是由地方人民政府发放，用于办理市民个人相关社会事务、享受政府公共服务和实现交易支付的多功能复合智能 IC 卡，具有电子凭证、信息存储、信息查询和小额支付功能。

（1）电子凭证功能：市民卡作为持卡人身份识别的有效凭证，通过联网或脱网方式，办理各项社会保障事务，享受政府公共服务。

（2）信息存储功能：记录持卡人的基础信息和相关业务应用信息，通过接入相关业务信息系统，实现信息交换和共享。

（3）信息查询功能：持卡人可以通过市民卡的服务设施，查询本人的基础信息和社会保险、医疗卫生、劳动就业、社区服务等相关应用信息。

（4）交易支付功能：持卡人可以通过市民卡进行各种交易支付，实现政府公用事业、社会公共服务、小额商业支付和金融交易服务等。

市民卡的应用领域涵盖政府公共服务、公用事业服务、商业及金融服务，目前主要应用于社会保障、医疗卫生、文化教育、民政优抚、人口计生、住房物业等政府公共管理和社会事业各领域以及公共交通、水电气等公用事业缴费、园林旅游门票结算、车辆安全管理、商务消费银联交易、小额电子钱包支付等服务行业。除满足在地市应用外，若采用统一标准，还可以在一个省内或一个经济圈内互联互通。

市民卡工程是信息资源整合、服务体系整合、业务协同整合的重要抓手，是实现政府精细化管理和落实惠民政策的综合平台，是促进区域经济一体化落地的重要举措。

7. 市民服务热线

建立统一的市民服务热线，整合现有市民公共服务资源，一个窗口受理和解决市民诉求，满足广大市民咨询投诉、家政服务的需要，彻底改变原有市民服务多头受理、资源浪费的状况。统一的市民服务热线，一般采用电话、网络、信箱等多种方式，统一受理、分头办理、直接反馈、公开监督。

具体的做法一般是，设立一个统一的服务热线电话号码（原有关单位自行设立的服务热线电话号码全部取消），建设一个有一定规模的接线席位的呼叫中心，统一受理市民各类咨询投诉和家政服务业务。对于房产、煤气、交通、民政、传媒等群众诉求量较大的部门，可作为市民服务热线分支机构，在全市统一的市民服务热线下设立分号码，继续受理原范围的群众诉求。各有关部门和单位在办理市民咨询投诉和家政服务业务后，按照"谁主管谁负责"的原则，由各相关部门和单位进行办理，并及时将办理结果通过市民服务热线网或电话向市民反馈，办理效率、质量、结果等要进行考核和公开监督。

专栏 4-12

着力构建公共服务平台　不断提高市民生活质量
——宁波市 81890 求助服务中心

81890 是宁波市海曙区委、区政府建立的公共信息服务平台，建于 2001 年 8 月 18 日。到 2010 年 12 月共为市民解决求助事项 412.95 万件，办结率 100%，服务满意率达 99.87%，市民从 81890 网站获取信息服务量达 4060 多万人次。81890 规范扎实的工作得到了市民的充分肯定和社会的普遍认可。

　　"便民利民，有求必应"是 81890 的服务宗旨和对市民的承诺，实现这一承诺的基本保证就是充分整合政府、市场、社会等多方面资源，不断完善服务功能。

　　首先，整合政府资源，使市民对城市公共事务管理的需求、意见和建议得到及时处理。一方面，通过 81890 信息平台及时将市民对于公共事务的意见和建议传达给相关部门，协调监督问题的解决；另一方面，为加强政府资源与企业需求信息的对接，将全区 56 个党政部门的服务职能纳入专设的 81890 企业服务平台，服务内容有 14 大类 868 项。2010 年 1~12 月，共处理企业各类求助 731 件，其中移交党政部门 373 件，5 分钟的及时响应率、办结率、满意率均达 100%。

　　其次，整合市场资源，使市民在日常生活中的服务需求得到及时满足。81890 平台依托已加盟的 800 多家各类服务企业，为市民提供全天候、全方位的生活服务，内容涉及 19 大类 189 小项。同时一大批加盟企业从中找到了服务的大市场，许多企业主动申请要求加盟服务网络，目前被列入后备名单的有几百家之多。

　　最后，整合社会资源，使一大批有志于奉献社会、回报社会的志愿者有了积极参与的机会。目前已经形成了拥有 10 万多名有一技之长的志愿者的 81890 红帽子志愿者队伍，为市民提供各类个性化服务，如为盲人提供服务的光明电影院、光明图书馆、光明网吧和光明俱乐部等。

　　政府、市场、社会构成了 81890 为民服务的三支主导力量。三支力量通过 81890 平台的聚合与释放，全面提升了服务能力，最大限度地满足了市民的需求。

专栏 4-13

沈阳市民服务热线

"96123, 为民一线牵; 96123, 政府在身边"。这是沈阳热线开通前通过群众"海选"征集到的定位语。

96123 的受理范围主要包括三方面:一是政府部门和公共服务行业及其工作人员利用职权和工作便利, 为单位、小团体和个人牟取不正当利益以及其他不正确履行职责、违反职业道德的问题;二是影响经济发展环境的问题;三是社会生活中需要解决的热点、难点问题。反映非沈阳市管辖范围内的问题或者已经进入信访、司法、诉讼程序的问题不在 96123 受理范围内。

诉求渠道分三种:拨打 96123 诉求电话;登录沈阳市民服务热线网站或沈阳市政风、行风热线网站;写信至 96123 信箱。

根据要求, 凡有市民诉求, 96123 必须进行反馈。一是在网上发布督办结果。二是对留有电话的市民进行电话反馈。三是通过 96123 信箱投诉的, 以回信方式给予反馈。

96123 有咨询投诉和家庭服务两大网络中心。咨询投诉网络中心可快速处理市民的咨询、建议、求助、投诉、举报。不管是电话、网上还是信件诉求, 都汇总到咨询投诉网络中心, 统一进入到管理平台, 由市监察局按照"谁主管谁负责"的原则, 把信件分拣到有关部门和单位办理。其中, 一般诉求由区县(市)及市直各部门办理, 重要诉求由市监察局直接办理。诉求办结后, 群众可以在市民服务热线网站上或者通过 96123 电话查询办理结果。家庭服务网络中心服务方式有两种:一是电话求助服务。市民有生活需求, 可以拨打 96123 电话按 0 号键, 由网络中心工作人员解答咨询, 并帮助联系加盟企业，及时提供服务。二是网上查询服务。市民可登录沈阳市民家庭服务热线网站，自助查询所需服务项目、服务单位，直接与其联系服务事宜。

市民服务热线建立了全程监督体系，咨询、投诉类回复采取五星评价制，评价在两星以下的要进行二次督办；求助类回复采取群众评价方法，群众不满意的转为投诉件重新办理；举报类回复由市监察局审定，解决不到位的退回重新调查。市监察局还建立10项指标考核制度，每月在网上公布各单位排行，以确保市民诉求事事有着落，件件有回音。

资料来源：根据有关资料整理。《沈阳市民服务热线"服务指南"》，《沈阳日报》，2009年9月17日；《上周沈阳市民热线排行榜："噪音"仍居首》，辽一网，2011年7月18日。

第五章　信息化城市建设怎么做？

※ 信息化城市建设需要抓好七个关键
环节：
策略选择
组织领导
规划制定
规划实施
政策保障
制度建设
评估改进

信息化城市建设的任务千头万绪,各个城市的情况千差万别,技术与环境也千变万化,如何才能保证建设成效,并没有固定的模式。一般而言,需要抓好策略选择、组织领导、规划制定、规划实施、政策保障、制度建设、评估改进 7 个关键环节 (见图 5-1)。

一、策略选择

策略选择,也称为模式选择或路径选择,是指从战略层面为信息化城市发展寻找一条科学合理的实现路径,其核心是找准发展主线。

选择信息化城市发展策略一般需要遵循以下原则:一是要具有统领性。发展主线要辐射全局,能带动城市各构成要素的全面发展,起

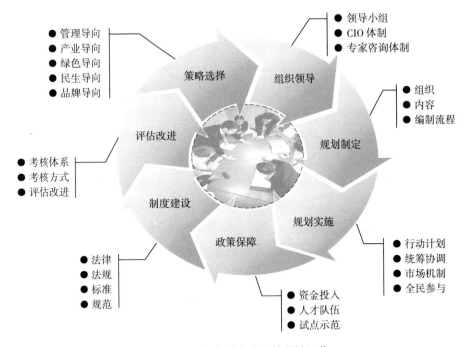

图 5-1 信息化城市建设的关键环节

到纲举目张、牵一发而动全身的作用。二是要具有前瞻性。要深刻把握经济社会转型引发的对信息化的需求，以及信息技术应用的演进趋势，注重信息化建设的可持续发展。三是要具有适用性。要认真分析城市自身的优势和面临的发展机遇，选择能充分发挥优势的发展主线；并且要凸显特色，与城市定位高度契合。四是要具有可操作性。初始条件决定路径选择，策略要立足现实，要充分考虑到城市发展的经济、社会、文化、技术基础和资源条件。

从全球及国内城市发展实践看，信息化城市的发展策略主要有管理导向、产业导向、绿色导向、民生导向、品牌导向等（见图 5-2）。

1. 管理导向

管理导向型发展策略是以强化城市管理为重点，充分利用现代信

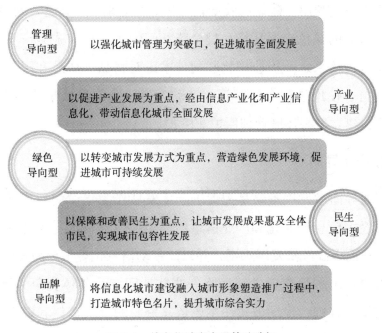

图 5-2 信息化城市发展策略选择

息技术，推动城市管理体制、管理方式、管理技术等领域取得重大改进，并以此为突破口带动城市功能转型，促进信息化城市全面发展。

当前我国城市管理普遍面临一些问题：城市基础设施量大、分散，统计、管理工作量大；管理或事件信息不能及时获取，造成处置滞后、被动；城市安全缺乏有效预警和应急，城市安全事件造成损失较为严重。

选择管理导向型发展策略，重点是深化"数字城管"应用，提高城市管理水平。这意味着要利用现代信息技术，处理、分析和管理整个城市的所有部件和事件信息，提高城市运行效能，实现城市管理现代化。

从发展趋势看，管理导向型发展策略的重点将体现在以下几个方面：通过传感网、物联网建设，逐步实现对基础设施与基础资源的实时监测和高效利用；建设高效低碳的智能交通系统，营造"智慧交通、低碳出行"的绿色交通环境；健全跨部门的主动预应式城市安全和应急信息管理体系；积极应用物联网技术，对食品、药品和医疗器械生产、销售、使用进行全程监管；推动生态环境信息采集传输网络化、智能化，建立生态环境管理保护新模式。

2. 产业导向

产业导向型发展策略是把促进产业发展作为建设信息化城市的立足点，经由信息产业化和产业信息化，实现信息技术与经济发展深度融合，从而提高经济发展水平，并以此带动信息化城市全面发展。

当前我国各地产业发展面临一些共性问题：整体竞争力还不强，产业结构不合理，发展方式还主要依靠资源的巨大消耗和资金的巨额投入。面对"资源节约型、环境友好型"社会建设要求，产业转型升级面临严峻考验。

选择产业导向型发展策略，需要把握好几个关键点：一是选准产业，既可以强化已有的优势产业，又可以瞄准新兴产业；二是集中优势资源，完善配套政策，大力发展重点产业；三是充分发挥重点产业的引领和带动作用，促进城市全面发展。

3. 绿色导向

绿色导向型发展策略是以转变城市发展方式为重点，综合利用清洁技术、信息技术、生态经济学原理和系统工程方法，改变城市的生产和消费方式，营造绿色发展环境，促进城市可持续发展。

伴随着经济高速发展，我国各地能源消耗逐年增加，经济发展与节能减排的矛盾日益凸显，能耗增加带来了排放量增加，给城市环境及水资源保护带来巨大压力，绿色发展势在必行。对于一些传统上以高能耗、高排放的重工业为经济支柱的城市而言，要实现城市转型和发展方式转变，选择这一发展策略显得尤为重要。

选择这一发展策略意味着，信息化城市建设过程中关注的不仅仅是绿色经济问题，如开发清洁能源和节能技术带来的收益等，更要关注气候或技术变化所引发的城市可持续发展问题。绿色导向策略的实施需要把握几个关键点：一是要描绘绿色城市发展的愿景，并通过宣传和制度保障使之成为政府、企业及广大市民的共识；二是要采取行动积极发展绿色产业，对传统产业进行节能改造，最大限度减少碳足迹；三是要通过完善城市智能基础设施等措施，引导市民生活和消费方式向环保节能方向转变。

4. 民生导向

民生导向型发展策略以保障和改善民生为重点，充分利用信息化手段提高社会公共服务能力，让城市发展成果惠及全体市民，实现城市包容性发展。

当前我国社会公共服务和管理面临的主要问题是社会事业发展相对滞后，表现在投入不足、发展不平衡、服务质量不高等多个方面，已成为制约城市和谐发展的"瓶颈"。选择民生导向型发展策略，深化信息技术应用，有助于加快社会事业发展步伐，带动信息化城市健康发展。

选择民生导向型发展策略，就要在加大政府财政投入的同时，充分利用信息化手段提高社会公共服务质量和扩大服务覆盖面，推动城市全面发展。首先要积极推进教育、医疗、社保等领域的信息化建设，优化公共资源配置，提高公共服务水平；其次要采取有效措施帮扶弱势群体利用信息技术，努力缩小数字鸿沟；最后要大力发展数字内容产业，不断满足市民日益增长的精神文化需求。

5. 品牌导向

品牌导向型发展策略侧重于将城市品牌与信息技术应用紧密结合起来，将信息化城市建设融入城市形象塑造和推广过程中，打造城市特色名片，提升城市综合竞争力。在全球经济一体化的环境下，无形资产尤其是品牌的价值愈发凸显，城市甚至国家的发展均需要一定程度的品牌化，塑造城市品牌，提升品牌价值，以品牌价值和"招牌"优势超越竞争对手，日益成为许多城市的战略选择。

实施品牌导向型策略需要把握好几个关键环节：首先，要选准城市定位，包括产业定位、功能定位、性质定位等，如北京致力于建设"人文北京、科技北京、绿色北京"、成都致力于打造"世界现代田园城市"、宁波瞄准"现代化国际港口城市"目标，等等。其次，根据城市定位确定主导产业和发展重点。最后，注重利用信息化手段丰富品牌内容，提升品牌质量，打造品牌优势，带动整个城市发展。

二、组织领导

信息化城市建设涉及面广，参与部门多，需要协调的问题也非常复杂，推进和监督难度大。因此，在信息化城市建设过程中，要做好相关的组织协调工作，努力形成"高层决策、中层推进、基层执行"的工作机制。组织领导体制建设的主要工作包括成立领导小组、推进CIO体制和专家咨询体制建设等。其中，领导小组是信息化城市建设的决策机构，专家咨询体制是决策"不跑偏"的保障，CIO 体制是规划顺利实施的组织保障。必须指出的是，信息化城市建设的领导组织要常态化、制度化甚至是法制化，既要发挥顶层引领作用，有力推动全局建设，又要避免"换一届领导换一套思路"带来的投资浪费和无序建设。

1. 领导小组

信息化城市建设领导小组负责信息化城市建设的重大决策，协调解决信息化城市建设中的重大问题，检查落实各项建设任务。一般而言，领导小组由各主要职能部门的领导组成，市主要领导担任组长。领导小组下设办公室，承担领导小组的日常工作，负责加强与各职能部门的联系和沟通，协调处理信息化城市建设的有关事项。

2. CIO 体制

信息化城市建设需要解决统一规划、资源整合、协调发展等一系列问题，建立并逐步推行政府信息主管（CIO）体制是解决这些问题的重要途径。世界上已有 100 多个国家和地区建立了政府 CIO 制度，我国也有部分城市开始了积极的探索。

政府 CIO 是在政府部门中负责信息技术系统战略策划、规划、协调和实施的专职官员。设置政府 CIO，不仅意味着机构设置的变革，更意味着管理理念的创新和管理体制、机制的创新。CIO 体制是与 CIO 的定位、作用、责权利以及信息化管理组织结构、管理能力形成等相关的制度安排。

从国外经验看，政府 CIO 委员会（或政府 CIO 联席会议）是协调跨部门业务系统建设的重要组织，由核心政府部门的 CIO 联合组成，负责协调落实信息化城市建设战略与规划，审核和检查各部门的信息化建设项目。

3. 专家咨询体制

为确保信息化城市战略决策的科学化和民主化，成立信息化城市建设专家咨询委员会，是国内信息化建设过程中较为普遍的做法。

一般来讲，专家委的职责主要有以下几个方面：按照领导小组要求，就提交审议的重要文件进行会前咨询评议；负责组织专家为领导小组提供咨询服务，就信息化城市发展中的关键问题提出建议，对城市信息化发展战略、政策和规划提出意见和建议；对国内、国际信息化问题进行跟踪和前瞻性研究，积极推动中外专家和咨询机构间的交流，开展信息化领域的城际、省际、国际合作研究。

三、规划制定

信息化城市建设规划是根据城市发展的总体战略要求所制定的规范和指导一定时期内信息化城市建设的纲领性文件。研究制定信息化城市建设规划是理清信息化城市建设思路、找准路径、确保健康发展的重要前提。

1. 规划的组织

信息化城市发展规划牵涉城市发展全局，一般需要由城市主要领导主持，各相关部门共同参与，成立规划制定专项小组。建立部门间协调机制，提高规划的科学性、针对性和可操作性。依托信息化城市专家咨询委员会组织开展多领域、多层次的咨询和论证。

2. 规划的内容

信息化城市发展规划的主要内容一般包括：历程与现状、形势分析、建设原则、发展目标、建设任务、重点工程和政策保障（见图5-3）。

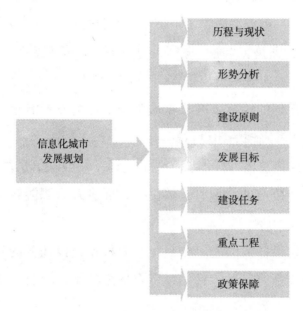

图5-3 信息化城市发展规划的主要内容

历程与现状总结是为了充分了解信息化城市建设的基础，包括城市经济社会发展、信息化发展的历程、成效、经验与不足等。

形势分析是研究制定城市发展战略与规划的前提。通过对全球及国内信息化发展、城市发展、经济社会发展的形势进行研判，结合城市自身的现状和基础分析，认清信息化城市发展面临的优势、劣势、机遇和挑战，可以为规划的研究制定打下良好基础。

建设原则是信息化城市建设的行动指南。言之有物、切中要害的建设原则可以使信息化城市建设者不迷失于错综复杂的系统工程，对建设过程中出现的各种问题能够快速形成准确判断。每个城市的发展情况千差万别，其确立的指导原则也会明显不同。如"智慧上海"的指导原则是："夯实基础，分步推进；创新发展，惠及民生；突出重点，聚焦项目；市区联动，示范带动；政府引导，企业主体。""智慧宁波"的指导原则是："政府主导，合力推进；立足产业，发展应用；基础先行，创新引导；重点突破，示范带动；开放合作，注重实效。""数字东胜"的指导原则是："统一规划、自上而下、信息共享、保障安全，应用先导、务求实效、突出重点、分步实施。"

发展目标是规划的主旨。要根据城市经济社会发展需求，确定有利于发展转型且能够实现的建设目标。

建设任务是保证总体目标能够实现的途径。一般从信息基础设施、信息产业发展、传统产业改造、改善民生、促进政府职能转变等方面提出可行的任务。

重点工程是建设任务的进一步具化。要根据建设任务的目标，设计功能适宜、规模适合、技术适用、资金适度的工程项目，明确工程的建设任务和要求。

政策保障是信息化城市建设取得成效的必要条件。一般从人、财、物、权等方面来分析信息化城市建设过程中可能遇到的"瓶颈"，提出具有针对性和操作性的政策措施。

专栏 5—1

部分城市的信息化城市发展规划总体目标

"智慧北京"：到 2015 年初步建成泛在、融合、智能、可信的信息基础设施和信息社会公共基础平台，形成比较完善的信息化发展环境，智能化应用全面普及，高端信息产业蓬勃发展，初步实现城市智能运行、市民数字生活、企业网络运营、政府整合服务，信息化整体发展达到世界主要城市的一流水平，从"数字北京"向"智慧北京"全面跃升。

"智慧上海"：到2013年底，上海"智慧城市"建设基本形成基础设施能级跃升、示范带动效应突出、重点应用效能明显、关键技术取得突破、相关产业国际可比、信息安全总体可控的良好局面，为全面实现上海信息化整体水平继续保持国内领先、迈入国际先进行列的"十二五"规划目标奠定坚实基础。具体体现在：宽带城市、无线城市基本建成；信息感知和智能应用效能初步显现；新一代信息技术产业成为智慧城市发展的有力支撑；信息安全总体实现可信、可靠、可控。

"智慧广州"：力争至2015年，培养一批支撑智慧城市发展的高素质人才，突破和掌握相关核心技术，催生相关新产品，培育出有较强国际竞争力的创新性、知识型领先企业，建成新一代互联网络国际枢纽、城市运行感知设施和智能处理系统，实现城市管理、行政运作、公共服务、经济发展和生活环境等领域的智慧化，基本形成"智慧广州"架构，展示"幸福广州"新风范。

"智慧南京"：力争通过5年的努力，信息化水平进入全国领先行列，以快速、泛在、融合、安全的信息化基础设施为支撑，实现政务、商务、服务各领域的智慧应用，形成一批上规模的智慧产业基地，逐步走出具有南京特色的智慧城市发展之路。

"智慧宁波"："十二五"期间，宁波智慧城市十大智慧应用体系和六大智慧产业基地建设取得明显成效，智慧城市模式创新和标准化建设走在全国前列，建成智慧城市的应用商业模式的输出基地，力争在优势领域形成对智慧城市建设的引领能力。

"智慧佛山"的发展目标：①三年见成效。到 2012 年，培育若干个产值超千亿元的战略性新兴产业，先进制造业、现代服务业以及高新技术产业增加值占国民生产总值的比重不断增加；信息化基础设施水平全面提升，"物联网"产业得到起步，射频识别（RFID）等技术得到广泛应用；电子政务和社会公共事业信息化程度不断提高，智慧城市示范工程（东平新城）基本建成，民众的网络化、数字化生活更加丰富，节能减排和循环经济成效显著，"智慧佛山"初见成效。②五年大跨越。到 2015 年，现代产业体系基本形成，培育形成若干个接近或达到世界先进水平的战略性新兴产业群，成为引领佛山经济发展的支柱产业；"物联网"产业形成规模；信息技术普遍应用、信息资源合理利用、覆盖整个社会经济领域的信息化体系较为完备；网络化、数字化、智能化和移动化成为市民生活工作的主要方式；节能减排和低碳发展成为佛山社会经济发展的主要模式；"四化融合"成为提高城市综合竞争力，实现经济社会可持续发展的重要主导力量，"智慧佛山"建设实现跨越式发展。③十年成格局。到 2020 年，佛山将基本建成现代产业发达、社会管理睿智、大众生活智能、环境优美和谐、国际化程度较高的智慧城市。

"智慧扬州"：未来五年的发展目标是，加速经济结构转型升级，推动创新扬州建设；强化城市运行精细高效，推动精致扬州建设；提升城市宜居和公众生活文明，推动幸福扬州建设。

3. 规划编制流程

编制规划要注重顶层设计，并充分听取市民、企业、专家等各类社会群体的意见和建议。一般流程为（见图5-4）：成立规划编制工作组→对前期有关规划（如果有的话）的完成情况和实施效果进行评估→分析当前城市发展面临的形势→对信息化需求进行调研→撰写初稿→向有关政府部门、行业协会、业内专家、企业代表征求意见，完善规划→向领导小组提交讨论稿→面向社会广泛征求意见→形成拟定稿报领导小组审批→发布/形成具有法律约束力的规划。

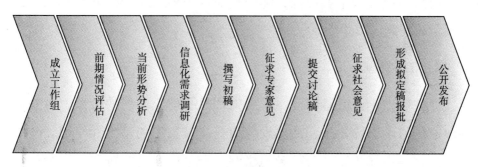

图 5-4　规划编制流程

四、规划实施

为推动规划的顺利实施，需要进一步研究制订相应的行动计划，调动全社会参与的积极性。

1. 行动计划

信息化城市建设规划提出的预期性指标和各个层次的建设任务，需要制订明确的行动计划予以落实。通过行动计划明确各项任务的责任主体、时间进度、资金等保障措施，尽可能提出量化的任务目标和具体的考核办法。

2. 统筹协调

围绕规划提出的目标和任务，加强各个层次、各个部门信息化建设政策的统筹协调。按照公共财政服从和服务于公共政策的原则，优化财政支出结构和政府投资结构，建立与规划任务相匹配的政府财政支出政策体系。针对建设过程中出现的政策目标与政策工具不匹配、短期政策与长期政策不协调、部门利益与整体利益相冲突的问题，及时制定相关制度或指导意见。

3. 市场机制

促进信息化城市建设，要正确处理好政府与市场的关系，既要发挥政府的科学引导作用，又要发挥市场配置资源的基础性作用。政府要通过完善市场机制和利益导向机制，合理配置公共资源，完善法规和政策，创造良好的政策环境、体制环境和法治环境，激发市场主体的积极性和创造性，引导社会力量积极参与信息化城市建设。

4. 全民参与

全民参与是信息化城市建设取得最大成效的关键。一方面要让所有的市民积极参与到信息化城市建设中来，另一方面要让所有人享受到信息化城市建设的成果。从目前中国信息化发展现状出发，快速提升信息素质成为当务之急。做好这项工作可以从以下几个方面入手：第一，基于服务市民的根本目标，对政府工作人员开展全面培训，提升其利用信息技术服务公众的能力；第二，整合社会各方教育资源，引导和鼓励企业加强全员培训，增强信息认识，提升信息能力；第三，依托"数字家园"、社区服务中心、信息化体验中心、"家庭上网工程"等建设，营造良好的信息生活环境，带动提高城镇居民信息技术应用能力；第四，积极推动城乡一体化，依托"农村数字家园"、"农村信息服务站"等建设，开展形式多样的教育、宣传、培训工作，提高农村居民信息技术应用能力；第五，在教育管理、教育教学和教育科研等方面，全面深入地运用现代信息技术促进教育改革与发展，着力提高学生信息素质。

五、政策保障

信息化城市建设需要相关政策提供强有力支持。

1. 资金投入

建立信息化城市建设财政预算投入机制，加强相关专项资金向信息化城市建设项目聚焦，落实重点项目建设和运维资金保障；通过贷款贴息、融资担保等形式，加大对企业参与重大信息基础设施和重点项目建设的信贷支持；建立和完善多元投融资机制，拓宽融资渠道，吸引集聚民资、外资等社会资本参与信息化城市建设。

2. 人才队伍

按照信息化城市建设的需要，加强信息化人才体系建设，为信息化城市建设提供以用为本、结构合理的人才队伍保障。一般来讲，可以从四个层面加以推进：一是引进高端人才；二是推进专业人才教育培训；三是加强政府部门工作人员和农村基层干部的信息化培训工作；四是营造信息化城市建设氛围，努力提升全民信息素质。每个层面要分别制定相应的具体措施，明确目标，分步实施。

3. 试点示范

坚持以点带面，示范带动，通过试点示范，发挥带动引领效应。如结合区域、领域的特点、基础和需求，组织开展信息化城市试点示范区（园区、街镇）建设，探索新型建设推广模式；结合城市产业和企业发展重点，推进应用示范点和产业化基地建设。

六、制度建设

完善的制度与标准体系建设是建设信息化城市的重要保障。在推进信息化城市的建设中，城市应当积极借鉴国际经验并结合本地区信息化发展程度，加强制度建设和标准规范体系建设。

1. 法律法规

推进信息化地方综合立法，按法定程序研究制定促进城市信息化发展的地方性法规。结合城市特点，制定贯彻落实国家已有相关法规的实施细则。从当前情况看，需重点加强城市规划、基础设施建设、电子政务、电子商务、信息安全保障、个人信息保护等领域的立法工作。如在电子政务领域，围绕政府信息公开，需要研究制定《政府信息公开条例》的实施细则和考评办法，以法律形式对与信息公开相关的领导体制、保密审查、社会评价、纪律制裁、年报编制、统计分析、人员培训等进行规范。

2. 标准规范

在标准体系建设方面，要重点抓好几个环节：首先，要从资源共享的角度出发，深入研究、制定并逐步完善信息化城市标准体系框架，组织编制城市信息化标准指南，逐步建立由多专业、多层次标准组成的统一协调的信息化城市标准体系。其次，在信息化城市标准体系框架和城市信息化标准指南的指导下，加快制定若干急需的城市基础和公共信息编码标准和面向专业应用的信息化标准。最后，开展标准的一致性测试，保证标准之间的协调性和相容性。

七、评估改进

受技术发展快、认识与经验不足、新需求不断出现等多种因素的影响，任何发展规划都无法完全预测未来，规划实施过程中也存在较大的不确定性，因此评估改进环节尤为重要。信息化城市建设过程中，要理解、包容、允许在策略选择、规划制定、甚至执行等方面可能出现的失误和偏差，关键是要按照科学发展观的要求，通过评估考核，及时、准确地发现问题，并对规划及相关政策措施进行调整。此外，为保障信息化城市规划落到实处，化解各部门各环节可能出现的阻力，还需要对相关部门的建设力度和成效进行监督考核，从而保证信息化城市健康有序发展。

1. 考核体系

因地制宜地建立信息化城市建设绩效考核体系。各个城市的发展基础和方向各具特点，在一定时期内，信息化城市建设的目标和任务要求会存在很大差别。一般情况下，绩效考核体系的设计，既要符合信息化城市建设的一般要求，又要结合城市特定时期的目标和任务要求，重点考察规划各项任务的完成与落实情况，在选择具体考核指标时，一般要做到统计指标和调研指标相结合、通用指标与特色指标相结合、能力指标和满意度指标相结合。

2. 考核方式

确立考核体系后，需要根据实际情况选择有效、可行的考核方法，包括具体的考核方式及对考核结果的处理办法等。具体的考核方式可以是重点抽查、汇报资料审核、实地查访，也可以是将不同方式相结合；对考核结果的处理可以采取百分制定量计分法，也可以采取诸如"优秀、良好、合格、基本合格"的等级评定法，或者将不同方法结合使用。定期通报对各地各部门信息化城市建设情况的考核结果，并将其纳入市委、市政府对各地各部门的目标考核。

3. 评估改进

根据考核评估结果，总结成功经验，查找不足，重点针对实施结果与规划目标存在较大偏差的情况进行深入分析，提出具体的改进措施。对于由规划或政策等客观因素造成的不足，需要根据实际情况及时调整和完善。对于由于执行不力等因素造成的不足，需要通过制度约束加以改进。

第六章　信息化城市建设能否实现跨越发展？

※ 信息化城市建设可能实现跨越发展，因为信息化发展具有不平衡性，并且信息技术本身具有跳跃性和广泛渗透性

※ 跨越发展有4种不同的路径：认识跨越、技术跨越、政策与机制跨越和发展方式跨越

※ 跨越发展面临3类风险："竹篮打水一场空"、"捡芝麻丢西瓜"、政府公信力受损

信息技术革命为城市加速发展带来了前所未有的历史机遇，提供了实现跨越发展的可能。在信息化城市建设中，既要深刻理解跨越发展的内涵，找准跨越发展的路径，把握跨越发展的时机，也要充分认识跨越发展可能带来的风险，防止违背发展规律的盲目赶超及其可能带来的沉重代价。

跨越发展是指城市在特定的历史条件下实现的超常规快速发展。内涵主要体现在：一是阶段性，跨越发展是在深刻理解城市的特点、已有基础和所处发展阶段基础上选择的发展模式，它受限于特定条件，难以长时期持续下去。二是创新性，跨越发展不能通过简单的模仿实现，而是需要通过创新的思想、机制、方法才能得以实现。后发城市可以借鉴、吸收其他城市的发展经验和成果，打破旧思想的束缚，用新思路、新机制、新方法实现城市的跳跃式或飞跃式发展。三是快速性，跨越发展是用较短的时间完成较长历史阶段的目标和任务。通过借鉴先进经验、直接采用先进技术等手段，可以跨过某些特定的发展阶段，从而实现快速发展。四是高质量，跨越发展不仅注重发展速度，更注重发展质量。

一、跨越发展的可能性

当今世界，信息技术发展突飞猛进，全球化进程加快，正引发全球范围内产业布局调整，为城市跨越发展提供了新机遇（见图6-1）。

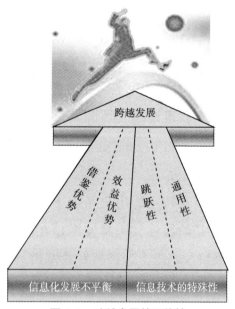

图6-1　跨越发展的可能性

1. 信息化发展不平衡

信息化发展的不平衡性为信息化城市的跨越发展提供了可能。发展相对落后的城市一般来讲都具备一定的"后发优势"，充分发挥后发优势是实现跨越发展的前提。后发优势可以是"借鉴优势"，即可以通过借鉴其他城市的成功经验，规避其他城市走过的弯路，找出既合乎客观规律又适合本市实际的跨越途径。后发优势也可以是一种"效益优势"，可以通过直接采用先进技术，达到少投入多产出、事半功倍之效果。

全球化背景下，不同城市之间的经济往来、文化交流等活动日益密切，欠发达城市比较容易获取先进城市的发展经验。一些城市在信息化建设方面走在前列，起步较快，并且取得了一定成效。对于欠发达城市而言，可以借鉴其经验，大胆创新，实现高起点、加速度，最终实现跨越发展。

每个城市都有自己的优势和短板，很难实现齐头并进的全方位跨越发展。一般情况下，应该按照非均衡发展理论，坚持有所为有所不为，集中人力、物力、财力，在基础较好，具备发展条件的重点领域、重点产业、重点地区实施重点突破，率先实现跨越式发展，再带动其他领域、产业和地区实现跨越发展。

2. 信息技术的特殊性

信息技术具有典型的跳跃性和通用性特征，其广泛应用大大增强了实现跨越发展的可能性。从全球来看，爱尔兰、爱沙尼亚、印度等国家都不同程度地利用信息技术革命带来的机遇实现了跨越发展。

首先，信息技术具有跳跃性发展特征。所谓技术的跳跃性是相对于连续性而言，信息技术发展取决于大量的偶然因素，具有很大的随机性和不可预测性。技术的跳跃性发展往往会带来重大发明和突破性的创新应用。具有连续性特点的技术对发展基础比较依赖，发展进程是循序渐进的，一般要在现有技术发展相对成熟的情况下才能研发更为先进的技术。信息技术的"跳跃性"体现在研发和应用两个层面。信息技术的研发不特别依赖研发基础，可以打破循序渐进的技术发展规律，从而比较容易实现大跨度的突破。比如在传统信息技术还不够发达的时候，可以直接参与新一代信息技术的研发竞争。信息技术的应用同样具有跳跃性，在一种信息技术的普及率还不够高的时候可以直接应用更为先进的信息技术。比如，可以在宽带普及率尚未达到较高水平的时候，直接推进更为先进的光纤入户。信息技术的跳跃性使得城市比较容易发展或应用先进的信息技术，从而在某些领域实现跨越发展。

其次，信息技术具有通用性发展特性。信息技术的通用性也称"渗透性"，是指信息技术的应用可以覆盖城市的所有行业和领域，可以渗透到城市行业的各个环节和流程。一旦某个方面或领域利用信息技术实现跨越发展，就能很容易地带动其他领域迅速跟上，从而实现城市整体的快速发展。

二、跨越发展的路径

信息化城市实现跨越发展的路径主要有认识跨越、技术跨越、政策与机制跨越、发展方式跨越等（见图6-2）。

1. 认识跨越

信息技术应用的差异往往取决于认识水平。信息技术的发展、扩

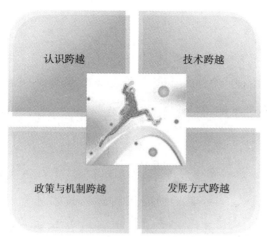

图 6-2　跨越发展的路径

散速度较快，可获得性较强。如果认识实现了突破，其他方面的阻力就比较容易克服，从而能更大限度地发挥信息技术的效应。

认识跨越是指城市的主要领导顺应信息社会发展的形势，打破思想禁锢，接受先进的发展理念，积极利用先进适用的信息技术，促进城市在某一领域或整体上实现跨越发展。

实现认识跨越，需要充分认识信息化建设的重要意义。要看清工业社会向信息社会转型的历史趋势，要认识信息化城市是城市发展的必然选择，需要从战略和行动上对信息化城市建设给予高度重视。同时要认识和把握信息化发展的内在规律，确保信息化建设取得成效。

专栏 6-1

云浮"三网融合"实现跨越发展

广东省云浮市三网融合工作以"共建一张网、共创新业态"为目标，先行先试，开拓创新，在推进网络改造和双向互动数字电视整体转换、深化新业态应用、推动配套产业培育发展等方面取得实质性成果。

2011年春节前，云浮市城区的8万户居民已经完成了三网融合网络双向改造和数字电视整转入户，市民每月仅支付128元，便可享受70多套数字电视节目、10套音频广播、可视电话和快速宽带4种服务。

云浮加快推进三网融合的重点可以概括为7个"创建"：创建高效的组织协调机构、创建统一的三网融合技术体系、创建合作共赢的运营模式、创建三网融合应用与产业培育基地、创建以三网融合为平台的公众参与机制、创建网络安全管理体系、创建资源共享的信息文化服务平台。

云浮市作为欠发达地区，政府能大胆创新，实现了"三网融合"的跨越发展。

2. 技术跨越

技术跨越一般有两种表现形式：一是指直接研发先进技术，即城市集中优势资源在重点领域实现重大技术突破，形成产业优势，从而带动经济和社会快速发展；二是指越过一定的发展阶段直接采用先进技术，即在某一领域或整体的信息化建设中取得突破性发展，从而带动城市的快速发展。从国内的发展实践看，以第二种模式为主。

技术跨越一般很难在所有领域和层面同步推进，通常在某个关键领域或层面上率先突破，然后推而广之。历史上不乏欠发达的国家或地区，因为在某一领域采取了技术跨越战略，实现了产业的腾飞，成为全球同行业的佼佼者并带动了区域大发展。

专栏 6-2

无锡大力发展物联网产业

自 2009 年 8 月国家提出在无锡建设"感知中国"中心以来，无锡全力推进物联网发展。2010 年无锡实现物联网年产值 200 亿元，引进物联网企业 190 家，累计建成投用"三创"载体 270 万平方米。2011 年上半年的统计数据显示，无锡物联网产业化的步伐明显加快。以无锡新区太科园为例，物联网企业中，产值突破 500 万元的企业有 14 家，突破 5000 万元的企业有 2 家，新区已形成五网运营商、八所高校等物联网国内顶级创新资源集聚的先发态势；培育引进了规模化企业 20 多家，初步形成物联网和云计算产业创新资源集聚效应和产业集群效应。预计全年产值突破 500 万元的企业会达到 50 家左右，突破 1000 万元的达到 30 家左右，全年物联网产业收入将达到 600 亿元以上，预计到 2015 年将达到 2500 亿元。

无锡发展物联网的主要思路是推进物联网产业化，按照"企业有技术、技术有产品、产品有市场"的发展要求，力争能够培育出一批具有国际竞争力的骨干企业和具有持续创新能力的科技型中小企业，初步形成较完备的物联网产业集群。重点推进三类物联网产业：一是大力推进物联网设备研发制造（感知器件、智能终端）和应用系统集成两大主导产业；二是大力发展芯片和云计算两大支撑产业；三是加快布局物联网服务业。

无锡抓住了战略新兴产业发展的契机，找准了技术跨越的起跳点，建立了比较完善的组织保障体系，确保了物联网产业的快速发展。

资料来源：《国内物联网应用试点区域对比分析》，http://www.enet.com.cn/article/2010/0331/A20100331633333.shtml；《无锡物联网加快发展　打造国际级企业》，http://info.screen.hc360.com/2011/09/020911225549.shtml。

《国家中长期科学和技术发展规划纲要》指出："重点跨越，就是坚持有所为、有所不为，选择具有一定基础和优势、关系国计民生和国家安全的关键领域，集中力量、重点突破，实现跨越式发展。"这种技术跨越方式对于城市发展同样适用。城市要在短时间内实现跨越发展，可以集中力量发展一些先进的、关键的信息技术，作为城市经济发展的新亮点。如果没有很好的产业基础，也可以直接推进先进的信息技术应用，来提高城市的核心竞争力。

3. 政策与机制跨越

政策与机制跨越，是指欠发达城市通过制定、建立比发达城市更为大胆、先进、实用的政策与机制，为信息化建设创造良好环境，从而引领信息化城市跨越发展。

欠发达城市由于经费、资源相对有限，面对日益激烈的经济竞争，如果不进行政策与机制方面的创新，就会进一步拉大与先进城市之间的距离。欠发达城市由于其信息化建设的基础相对薄弱，没有更多框框限制，可以直接采用更加有效的政策措施。同时，欠发达地区还可以充分利用国家在某些方面给予的特殊政策，结合城市发展大胆进行政策创新。

专栏 6-3

爱尔兰软件发展的启示

爱尔兰只有 400 万人口，经过 20 多年的发展，爱尔兰从"欧洲乡村"一跃成为世界软件大国。2010 年，爱尔兰的软件产业占 GDP 的比重大约 12%。

爱尔兰软件产业的发展大致经历了 3 个阶段：1970~1985 年是缓

慢起步阶段，主要是利用国外的软件产品对用户开展服务，同时也生产一些产品，但利润较低；1986~1995 年是稳步发展阶段，国内软件业逐步发展成为一个新兴产业，开始向国际市场销售；1996 年至今是高速发展阶段，大量的社会资金和风险资本、外国资本以及跨国软件公司进入，爱尔兰软件公司数量迅速增加，规模迅速扩大。

爱尔兰发展软件产业的经验主要有：

（1）重视教育和培养软件人才。爱尔兰大约有 1/4 以上的人口接受了高等教育，其公共教育开支在国民收入中占的比例高达 14%。培养信息技术人才注重实际操作能力和创造力提升，如软件专业的学生第三学年在生产第一线实习，第四学年大部分独立设计。爱尔兰已拥有一批世界一流的软件设计开发、电子工程和集成电路设计人员。

（2）政策支持。从 20 世纪 70 年代开始，爱尔兰政府首先把软件产业作为本国经济长期发展的战略重点，国家财政预算支出连年向该产业倾斜；其次是采取措施鼓励外国软件公司到爱尔兰从事研究开发，相当长时期内美国对欧洲信息产业投资的 70% 都放在爱尔兰；最后是实行税率优惠和政府补贴。

（3）产学研结合紧密。爱尔兰软件产业的发展，得益于科研成果的迅速转化以及大学、研究开发机构与企业之间的相互衔接和紧密结合。政府注入大量资金，大力扶持大学校园公司。学校和企业的合作主要有两种方式：一是科研人员自己开公司；二是企业向研究机构或学校投资，并享受其研究成果。

（4）重视产业法律法规建设。爱尔兰政府重视打造良好的商务和法制环境，如《电子商务法案 2000》和《版权及其他相关权益法案

2000》的出台为知识经济尤其是软件产业的发展提供了法律依据。

资料来源：陈宜飚：《爱尔兰：全球头号软件出口商的科技演变》，http://www.21cbh.com/HTML/ 2006-2-8/27378.html；李志军：《分析：爱尔兰为什么是软件大国？》，http://tech.sina.com.cn/it/e/ 2001-12-22/96979.shtml。

政策与机制跨越以创新为前提，是现存社会经济制度及其运行机制的变革，是一种更有效益的制度变迁过程。政策与机制创新的核心是转变政府职能，政府要从人才、组织、资金、战略与规划、法律制度等方面为信息化城市建设提供制度保障。

4. 发展方式跨越

发展方式跨越是指摒弃传统工业经济"先污染后治理"的发展模式，在经济发展水平较低的发展阶段直接采用先进的发展理念和发展模式，利用信息化带动工业化，重视科技创新、生态环保，促进可持续发展，实现对传统工业经济发展方式的跨越。

传统工业经济发展存在诸多弊病：资金投入大而经济效益不好；经济增长速度快而质量不高；自然资源缺乏而且利用率低；生态环境污染严重而治理不得力等。在信息社会条件下，城市建设可以不沿袭这条传统的经济发展道路，而是跨越或缩短这个发展阶段。一方面，通过大力发展信息产业，可以实现产业结构的升级；另一方面，通过利用信息技术可以促进节能减排，在发展工业经济的同时注重生态保护，还可以增加产品的信息和知识含量，实现增长方式的根本性转变。

发展方式的跨越要注重发展特色和朝阳产业，延长产业增值链，扩大集聚和辐射效应，形成自主品牌和核心技术；要增强自主创新能力，加强人才建设和培养，推进结构调整和新型工业化。发展方式的跨越是科学发展观的有益实践，体现了包容性增长与和谐社会的内涵，虽然在技术上并不存在障碍，但是短期内可能会牺牲部分经济利益。从长期来看，加快发展方式转变将提升城市的综合竞争力，从而引领城市实现跨越发展。

专栏 6-4

信息通信技术（ICT）能有效促进节能减排

全球气候组织发布的《SMART 2020：实现信息时代的低碳经济》显示，ICT 在促进全球 GDP 增长方面的作用逐渐加大。在全球范围内，2002~2007 年 ICT 对 GDP 的贡献度为 16%，ICT 占 GDP 的份额由 5.8%增加到 7.3%，预计 2020 年将达到 8.7%。

ICT 应用能有效促进节能减排。到 2020 年，ICT 共计能减少排放近 78 亿吨 CO_2e，相当于 2020 年基准情境下（BAU）排放总量的 15%，5 倍于 ICT 自身碳足迹。从经济角度来看，ICT 带来的能源效率相当于节约成本近 6000 亿欧元（9465 亿美元）。

ICT 在以下领域的应用有巨大节能空间：

（1）智能电机：工业效率提高 10%能减少 2 亿吨 CO_2e 排放。如果 ICT 应用到全球，到 2020 年，优化电机和工业自动化将减排 9.7 亿吨 CO_2e，价值 680 亿欧元（1072 亿美元）。

（2）智能物流：通过提高运输和存储效率，到 2020 年，全球通过智能物流将减排达 15.2 亿吨 CO_2e，节能价值 2800 亿欧元（4417 亿美元）。

（3）智能建筑：从全球来看，设计、管理和自动化等智能建筑技术可以减排 16.8 亿吨 CO_2e，价值 2160 亿欧元（3408 亿美元）。

（4）智能电网：将更多先进的 ICT 技术集成到能源网络中，能在全球范围内减排 20.3 亿吨 CO_2e，价值 790 亿欧元（1246 亿美元）。

ICT 可以通过多种方式实现减排：

（1）标准化：ICT 可以提供多行业标准格式的能耗和排放信息。

（2）监控：ICT 可以将监控信息纳入能源使用的设计和控制中。

（3）计算：ICT 可以提供改善能源及碳的可计算性的能力和平台。

（4）深化应用：ICT 可以提供创新，提高建筑/家居、交通、电力、制造业及其他基础设施的能源效率，并且提供替代目前运营、学习、生活、工作和旅行的方式。

（5）转变：在经济领域的所有行业中，ICT 都能够将智能化和一体化的解决方案应用到系统和处理过程的能源管理中，包括从自动化和行为改变以及发展高碳活动替代品等方面受益。

资料来源：The climate group，《SMART 2020：实现信息时代的低碳经济》，2008 年。

三、跨越发展的风险

城市的变革和发展是一个不断优化组合城市各种生产要素的创新过程，这种创新过程具有累积性，即一定发展时段上的起始点，必须以已有的并能掌握利用的物质及技术基础为前提。完全脱离现实条件去"跨越"城市发展的必经阶段，往往难以成功。城市发展追求的是全面、协调和可持续发展，跨越发展既要努力进取，又不能急躁冒进。

跨越发展是一种创新的发展模式，能在较短时间内实现城市的飞跃发展，但是任何创新发展都存在着不确定性风险。跨越发展就像运动员跨栏前进，发展的起跳点不对、跨度过大、落点不准都可能导致失败。

跨越发展的主要风险来源于客观因素和主观因素。客观因素是指城市发展的环境和条件；主观因素主要表现为政府的决策与路径选择。稳定的发展环境是城市跨越发展的基石，没有稳定的发展环境，计划不如变化快，政策就很难贯彻持续下去；基本的物质技术条件保障是跨越发展的前提，虽然信息技术不过分依赖现有的产业基础现状，但是跨越发展也必须适度，如果过度跨越，现实条件不足以支撑就会导致失败；政府的决策与路径选择是保证跨越发展得以实现的根本原因。政府如果决策失误，路径选择错误，或者延迟了时机，或者停留于表面而不落实下去，那么跨越发展就只会沦于口号。

受主客观因素影响，跨越发展的结果也往往具有不确定性，可能面临的风险主要有三个（见图6-3）：一是"竹篮打水一场空"，跨越发展战略不能取得实效；二是"捡芝麻丢西瓜"，跨越发展虽然实现，但是付出了沉重的代价；三是政府公信力受损，创新发展如不成功，会极大挫伤公众参与的积极性。

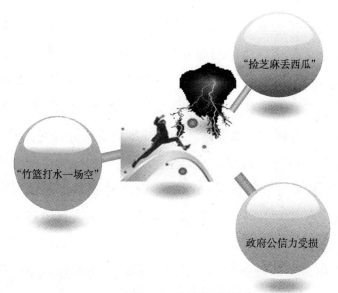

图6-3　跨越发展的风险

1. "竹篮打水一场空"

跨越发展没有取得明显的成效是常见的风险之一，原因可能有很多。目标设计过高、基础支撑不足、政策出现偏差、路径选择不对等，都可能使跨越发展难以达到目标，甚至彻底失败。

2. "捡芝麻丢西瓜"

城市跨越发展需要从整体去布局，从战略上去把握发展的方向和着力点，不能偏离城市总体发展的战略目标。跨越发展需要开辟新途径，需要投入资金、人力等资源，一旦不成功将会付出沉重代价。脱离实际过度追求先进技术，可能会导致盲目投入带来巨大浪费。如果将优势资源过于集中于某一领域以求跨越发展，而不考虑其他领域尤其是涉及民生的社会事业的协调发展，既可能造成政府沉重的债务负担，也会激发更多的社会矛盾。

3. 政府公信力受损

政府公信力是社会成员对其公共服务和管理能力的认可而赋予的信任度。以信息化促进城市的跨越发展是一个连续的创新过程，几乎每一项重点信息化工程建设都需要全民的持续参与和多部门密切合作，一旦不能取得成效会挫伤公众参与的积极性、增加信息化建设的阻力。因此，政府在实施跨越发展战略时，需要找准突破口，注重实效。

有效避免上述风险，需要注意以下问题：一是要找准跨越的"起跳点"，可以从城市发展的优势领域、关键领域或新兴领域寻求突破口。二是重视发展的质量，不盲目攀比速度，杜绝盲目争速度、上项目、铺摊子等现象。三是找准"落脚点"。每个城市都有自己的特点，存在相对优势和短板，发展水平不一，急需解决的问题也不一样，需要根据城市的具体情况合理确定跨越发展目标。

第七章　信息化城市如何实现可持续发展?

※ 信息化城市要实现可持续发展首先
　要避免6个"认识误区"

※ 信息化城市要实现可持续发展还要
　树立2个理念:"制度重于技术"、
　"发展重于建设"

※ 影响信息化城市可持续发展的6个
　主要因素

　　　　般意义上的可持续发展是指既满足当代人的需求，又不损害后代人满足其需求能力的发展模式。工业化进程在推动城市经济快速发展的同时也造成了一系列困境，信息化作为破解城市难题的突破口，为城市实现可持续发展提供了可能，创造了机遇。信息化城市要实现可持续发展需要注意两个问题：一是要避免认识上的误区，树立"制度重于技术、发展重于建设"的基本理念；二是要从多个方面入手采取有效措施，确保信息化城市的可持续性。

一、避免认识误区

　　近年来，各级政府对信息化城市建设的重视程度显著增强，许多城市制定实施了相应的专项规划或行动计划。从各地的实践看，人们对于信息化城市发展规律的认识还明显不足，尚存在一些误区（见图7-1）。

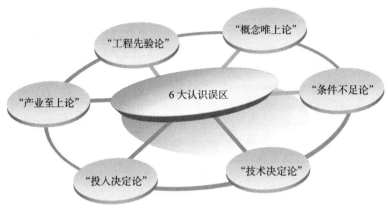

图7-1 关于信息化城市的6大认识误区

1. "条件不足论"

这种观点认为，就当前中国或某个城市的经济社会发展现状来看，还不具备建设信息化城市的条件，比如经济发展水平不高、工业化的任务仍未完成、技术落后并且创新能力不够、市民整体素质仍有待提高，往往对信息化城市建设持怀疑甚至抵触态度。

在信息社会已经成为不可逆转的历史趋势下，必须充分认识建设信息化城市的必要性和紧迫性，坚定建设信息化城市的信念。首先，信息社会已经到来，向信息化城市转型是城市发展的必然趋势，丧失发展机遇是最大的风险。其次，信息技术飞速发展，功能越来越完善，成本不断降低，建设经验不断丰富，使得低成本高效益地推进信息化成为可能。落后地区更应该抓住机遇，以信息化带动快速发展。最后，从各国的实践来看，解决城市发展中的诸多问题越来越离不开信息化，信息技术在转变发展方式、促进城市经济社会协调发展、改善城市管理、丰富市民精神文化生活等方面已经并将持续发挥重要作用。

2. "技术决定论"

这种观点强调"技术决定一切"，认为信息化城市建设主要是技术问题。这种观点往往有两种表现：一是盲目模仿和攀比采用高新技术，有的城市以功能强大、版本先进等作为选择技术和硬件设备的唯一或优先标准，认为设备和技术越先进越好；二是认为信息化建设只是技术部门的任务，没有将信息化上升到城市发展战略高度。

从实践看，技术决定论是信息化建设难以取得成效的重要根源。首先，信息技术的更新换代日益加速，技术的先进性是相对的。其次，信息化发展的根本目标是要解决城市发展面临的问题，采用哪种技术归根到底取决于城市的基础条件和现实需求，并不是越先进的技术越有效。最后，大多数重大信息化建设项目都需要多部门密切配合和全民参与，牵一发而动全身，需要从战略高度进行组织领导和统筹规划，非单一部门更不是技术部门所能独立支撑。对于层出不穷的创新技术，一定要有科学的态度，理性地选择，过于乐观和过于保守都可能会付出代价。

3. "投入决定论"

这种观点强调信息化城市建设成效是由投入多少决定的，投入越多成效越好，甚至把信息化建设过程中出现的种种失误和效益不理想的情况，统统看作是投入不足造成的。这种观念导致许多城市不敢轻易推动信息化建设，常常是"说起来重要，干起来不重要"。

信息技术和信息化的特点表明：其一，信息化建设并不一定以高投入为前提；其二，只要应用得当，信息化投入能够带来较高的产出；

其三，科学的发展理念、制度保障、知识和人才储备等都是信息化城市发展不可缺少的条件，而这些并非是资金能够完全替代或购买来的。

4."产业至上论"

这种观点强调建设信息化城市首先要发展信息产业，在一定程度上把信息化等同于信息产业。这种观点容易导致不顾自身条件盲目追求发展高新技术产业。

信息产业繁荣发展是技术扩散和深化应用的重要条件，但这是就全国乃至全球范围内而言的。根据产业分工理论，不可能也不需要所有城市大规模发展信息产业。就具体的城市而言，许多城市也不具备条件。更重要的是，建设信息化城市强调的是充分利用现代信息技术完善城市功能并提高市民福利，更为关注技术在解决现实问题、推动城市发展方面的应用成效。由于信息技术的通用性、高渗透性等特点，即使不具备产业发展优势，也完全可能在某些领域的应用有所创新和突破，从而带动城市的全面发展。

5."工程先验论"

这种观点习惯用传统工程建设的理念和方法进行信息化项目建设。工业时代在项目建设方面积累的经验为信息化项目实施提供了有益的借鉴，但完全照搬已有的做法，往往会影响信息化工程的效果，甚至导致完全失败。

必须充分认识到信息化项目与传统工程项目之间存在着明显差异。从项目流程方面看，传统建设工程的设计、施工和使用环节通常可以明显区分开，而信息工程的设计、施工等工作往往在使用环节仍在进行。从质量监管方面看，传统建设工程的技术质量、标准规范等相对成熟，信息工程由于采用快速发展着的信息技术开发应用系统，技术质量、标准规范等往往滞后于实践需要，质量监管难度要大得多。从项目的利益相关者看，传统工程项目通常可由单一部门完成建设；信息化项目建设通常需要多部门之间密切配合，建设成果大都具有共享性。从成果形式和成效发挥方面看，传统项目的成果往往是有形的实体，项目竣工之日其成效基本就体现出来了；信息化项目的成果多是无形的系统和应用，其成效如何需要较长时间才能得到体现。从应用与运维需求方面看，信息化项目建成只是应用的开始，应用过程中还会引发新的需求，需要不断地升级、改进，运行维护也需要持续的资金保障。

6. "概念唯上论"

信息技术迅猛发展，创新应用层出不穷，与信息化城市建设相关的新概念、新理念不断涌现。这一方面反映了人们对信息化发展进程的认识在不断加深，另一方面也反映了城市发展内在需求的变化。但同时也出现了一些只注重概念创新的现象，如个别城市只是简单地将一些信息化工程冠以"智慧"或其他的热词、新词，而实践中所做的事情并没有实质性改变，做事情的方法还是老一套。

信息化城市建设的根本目的是以信息化促进城市发展，解决城市面临的现实问题。对于信息技术的创新应用，要立足现实，注重实效，真正把握创新概念的深刻内涵，并在实践中加以体现，而不能简单地"贴标签"。

二、制度重于技术

　　制度是调整人与人之间相互关系的一系列约束。制度对经济社会发展具有重要意义，从静态的角度说，一定的技术水平决定了一个国家的潜在产能，制度则决定了这种潜在量转变为现实量的程度[①]。与技术和应用创新相比，制度创新作用更具有根本性、全局性和长期性。在信息化城市建设过程中，跨部门的组织协调需要制度提供根本保障，技术应用成效很大程度上取决于制度，克服诸多其他非技术因素的障碍及加强安全建设等也离不开制度（见图7-2）。信息化城市建设要取得实效并持续发展，必将伴随着一系列影响深远的制度建设和制度变革。

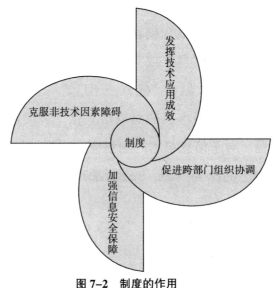

图7-2　制度的作用

---

① 诺斯：《制度、制度变迁与经济绩效》，上海三联书店，1994年。

1. 促进跨部门组织协调

绝大多数信息化项目都需要不同部门密切合作，建设成果通常也是多部门共享，因而对部门间的分工合作、业务协同要求较高，在公共资源领域尤其如此。因此，信息化城市建设既要优化配置现有资源，包括相关硬件设施、资金、信息资源和人力资源等，又要进一步完善和优化原有的工作流程和管理程序等。一方面，传统的管理体制和组织制度面临挑战；另一方面，技术创新应用引发部门间分工合作变化，会造成资源和利益的重新分配，既得利益者可能反对或阻挠新技术扩散，阻碍信息化城市建设的顺利推进。

信息技术为部门间的协调配合、资源共享提供了手段和可能，而要使这种可能变为现实则需要切实的制度保障，比如"三网融合"就需要在体制方面进行改革才能取得实质性进展。

专栏 7–1

制度创新使宁夏农村"三网融合"取得实质性进展

在推进三网融合过程中，宁夏农村地区以 IPTV（网络电视）为切入点，以宽带作为多业务承载平台，利用电信数据传输网传输广电提供的高清晰电视节目，利用机顶盒等设备，在一条入户网线上为用户实现上网、打电话、看有线电视等多种业务，取得了显著成效。

"IPTV 模式"之所以能在宁夏农村成功推进，关键原因之一就是自治区党委、政府进行了制度创新，既保证了相关决策的权威性和执行力，又比较好地处理了不同部门和利益主体间的关系。

首先是管理体制创新。为保障三网融合工作顺利推进，宁夏党委、政府成立了由自治区党委书记任组长、自治区主席任副组长、相关部门负责人为成员的信息化领导小组，并将三网融合纳入"信息惠农工程"。5个市和22个县（区、市）也分别成立了由"一把手"为组长的信息化领导小组，形成了主要领导亲自抓、总负责，分管领导具体抓，其他部门积极参与、配合协作的领导体制，提高了权威性和政策执行力，在管理体制创新方面做了有益的探索。

其次是运行机制创新。在自治区党委、政府的协调下，中国电信宁夏公司与广电部门合作成立了专门的IPTV内容运营公司，以市场为纽带，采用了分成的模式进行紧密合作。电信负责网络传输，广电部门负责传送电视节目，收视费由电信代收，两家分成。这种运行机制，恰当地处理了电信运营商、内容提供商和内容运营商之间的关系，使宁夏在全国率先克服了三网融合过程中部门资源分割的体制障碍，在优势互补的基础上实现了合作共赢。

在近年兴起的信息化城市建设热潮中，一些城市在制度创新方面积极探索，积累了一定的有益经验。如宁波市在建设智慧城市过程中注重制度创新，初步形成了"有人决策、有人协调、有人落实、有人督察"的工作机制，成立了智慧城市建设工作领导小组，探索推行政府首席信息官（CIO）制度，试行新任领导干部信息化知识资格考试制度，对县（市）区创建智慧城市工作实施目标管理，将智慧城市建设纳入市委、市政府对各地各部门的目标考核，出台了《宁波市信息化条例》、《宁波市政府信息资源共享管理办法》等规章制度。

2. 发挥技术应用成效

在不同的制度环境下，同样的技术应用其成效可能存在天壤之别。近年来，随着手机、互联网应用的普及和公众参与意识的提高，出现了微博议政、网络问政等新应用，网络已经成为公众行使知情权、参与权、表达权和监督权的重要渠道。一些地区积极完善相关制度，充分发挥现代信息技术在参政议政中的积极作用，密切了干群关系，提高了公共服务水平，有力地促进了城市管理领域现实问题的解决，同时也促进了政府的转型。也有一些城市由于缺少制度保障，"领导信箱"、"热线电话"等流于形式、形同虚设。

专栏 7-2

睢宁县"短信问政"背后的制度建设

2010 年，睢宁县财政收入是 2007 年的 4 倍，成为江苏省的治安综合治理先进县、江苏省信访工作先进县。而在 2007 年，睢宁还是江苏省的"人民来信之乡"、"信访重点管理县"。睢宁县纪委书记将这种变化称为"一毛钱"维稳，也被媒体称为"短信问政"：借助于手机短信，睢宁县实现了维稳信息的快速传递和不稳定因素的快速消解。自从 2008 年 8 月向社会公布手机号码，到 2011 年初，县委书记和县长已经收到各种短信 39595 条，其中 90% 的短信提出的问题得到有效解决。

睢宁县"短信问政"取得成效的关键在于制度建设。

一是制定了严格规范的短信处理程序。群众短信的处理工作由县委、县政府督查室负责，基本的处理程序是：书记、县长收到短信后，秘书转发给督查室，督查室的软件会自动向发信人回复"收到"。督查室工作人员要写出每一条短信的摘要，制表编号，交给督查室负责人签批承办单位，再转发给各部门的一把手。这些单位 5 天内必须有反馈。

二是制定了短信办理情况的评价制度。第一，短信量应处于递减状态；第二，短信办理情况回访的满意率要高；第三，不得重复回复短信。每年召开一次短信办理工作会议，对办理情况良好的部门进行表彰，对办理情况不好的部门给予批评。此外，每年要评选"十佳短信"、"十差短信"。

三是建立督办和回访的问责制。一个典型案例是因为虚假回复而将县规划局等官员撤职。2009年11月初，县委书记接到举报违章建筑的短信，督查室转给县规划局局长，要求调查处理。规划局在没有进行实地调查的情况下，多次给予虚假回复，没有及时清理违章建筑，此后频频遭受市民投诉。最终，2010年1月，包括原县规划局局长在内的7名官员被免职或撤职，违章建筑也被拆除。

四是制定《大众信用管理办法》。为防止虚假举报短信，睢宁县公布了《大众信用管理办法》，建立睢宁县个人信息数据库，将个人信用分为A、B、C、D四个等级，按照"一处守信，处处受益；一处失信，处处制约"的原则，对评估结果进行使用。发送虚假短信也被视为不守信行为，会在媒体上公布，并影响当事人的就业、贷款等日常生活。截至2010年2月，睢宁每月的不实短信还有30条以上，但从2010年4月以后，不实短信几乎消失。

3. 克服非技术因素阻力

信息技术在各行业和领域深化应用，必将从根本上改变传统的业务流程、生产生活方式乃至思维习惯，因此信息化城市建设还面临着来自认识和观念、工作习惯、组织文化等非技术因素的阻力，具体表现为不重视信息化、夸大其潜在的风险和不利因素、有能力但又拒绝使用新的业务系统，等等。出现这些现象的主要原因在于：其一，对信息化城市建设的前景不甚了解，因而宁肯"保持现状"；其二，新业务系统的应用将直接影响到某些群体的利益，既得利益者可能对信息化应用持消极态度；其三，新兴业务系统的应用还将改变人们已经熟悉和适应的工作习惯和方式，一些人因为不习惯而拒绝使用新技术。

要克服上述阻力，不仅需要做好相关的宣传、教育和培训工作，更重要的是需要制定和完善相关制度，通过制度约束来保障技术的扩散和深化应用。

4. 加强信息安全保障

建设信息化城市，信息技术的广泛应用使得信息安全问题日益重要。在这方面，也存在着"唯技术论"倾向，认为先进的系统安全技术可以提供足够的安全保障。现实中，大多数信息安全问题都是由于管理不到位造成的，而这些只能通过强化制度约束来解决。科学的管理和有效的制度是信息安全技术转化为信息安全保障能力的必要条件。

三、发展重于建设

"建设"与"发展"是两个密切联系但侧重点又有所不同的概念。信息化城市建设要取得实效，必须树立"发展重于建设"的理念，着眼于城市经济社会的长远发展和协调发展。一方面，信息化城市建设的根本目的在于切实解决城市发展面临的各种问题，推动城市经济社会发展，因此强化应用是信息化城市建设的关键。另一方面，信息化项目、信息技术自身的特点及城市发展的需求等多方面因素决定了信息化城市建设是一个无止境的创新过程，需要持续投入（见图7-3）。

图7-3　信息化城市发展重于建设

1. 应用

信息化城市建设的目标和任务经过逐层分解，最终会体现为一系列具体的项目或工程。对于具体的建设项目而言，建设本身不是目的，通过应用解决城市发展中的问题才是最终目的。

实践中"重建设轻应用"现象的出现，主要原因有：一是不科学的政绩观导致"为建设而建设"，过度注重项目建设成果而不是应用成效。二是项目规划和设计不科学，对后续投入估计不足，导致运维过程中资金、人员投入无法得到保障。三是系统设计与用户的真实需求存在错位，也会直接影响其应用效果。四是用户缺乏必要的技能或者对新系统存在抵触心理等，都会直接影响应用成效。

信息化城市建设必须坚持"建设是前提、应用是关键"的原则，从多方面入手提高应用成效，使项目建设真正服务于城市的整体和长远发展。

2. 运维

作为信息化城市发展的重要支撑，信息化项目与传统工程项目有显著的区别，没有完全意义上的"竣工日"。信息系统应用需要持续的维护和更新，信息化项目建成并交付使用标志着新一轮的升级、更新、完善的开始。过去出现的"项目建成之日就是死亡之期"的现象，多数是由于没有考虑到后续应用造成的。对于新技术应用，技术人员与用户间的沟通存在诸多障碍，用户需求存在较大的不确定性，新的需求还会不断出现，因此信息系统需要不断完善提升，会经历持续的"应用—反馈—完善"过程。

信息化建设并不是投入越多越好，但对投入必须有正确的认识和充分的准备。规划过程中既要考虑到建设成本，还要考虑到运维和更新成本。在初期阶段，建设投入是主体；在应用阶段，运维投入是主体。同时，要注重投入要素的协调性，不仅要注重资金投入，还要关注人才培养和引进、制度和标准的制定与完善。

3. 技术创新

作为当今最具活力的创新领域之一，信息技术创新步伐持续加快，技术创新不断催生新的应用。以互联网的发展为例，从有线和拨号网络，发展到无线和宽带；从最初的电子邮件、文件传输等基本数据通信服务，发展到 VoIP、即时通信、博客和视频流媒体等应用；从人与机通信和人与人通信，发展到支持物与物的通信，互联网发展的步伐不断加快。从发展趋势看，下一代互联网技术正在孕育新的突破，将会引发一系列基于互联网的创新应用。

从通信技术领域看，3G 应用日益广泛和深入，正在向 4G 发展，移动互联网呈现出快速发展态势。全世界手机上网用户数量将很快超过使用电脑上网的用户数量，智能手机将日益普及。总体上看，不同技术的融合发展趋势日益明显，创新应用层出不穷。

无止境的技术创新要求信息化城市建设必须要有发展眼光，一方面，规划要有前瞻性，为技术创新应用留有充分余地；另一方面，应用过程中要注意不断引进新技术，提升应用成效。

4. 新需求

随着经济社会的发展和信息技术的深化应用，新需求会不断涌现，信息化城市可持续发展必须注重对新需求的把握和适应。

一方面，新应用会不断引发新需求。现代信息技术是典型的交互式技术，根据梅特卡夫定律[①]和创新扩散理论，先行的技术应用者会影响和带动新用户，新用户的不断加入会大幅增加技术的实用价值，从而进一步吸引更多的人采纳这种技术。如果全社会只有一部手机，其价值是零；第二个用户的出现使其价值得到体现，从而使更多的人产生对手机的需求，用户规模的持续扩大，会使所有用户从中受益，如享受到质量更好、内容更丰富、价格更实惠的服务，网络的价值不断被放大，这又会进一步激发更多的用户需求。在具体的工程建设中，科学的需求分析和反馈是其能否取得实效的关键环节。

另一方面，人类自身的需求也在随着经济社会发展而变化。根据马斯洛的需求层次理论[②]，当下一级需要获得基本满足后，人们就会追

---

① 梅特卡夫定律，由美国的罗伯特·梅特卡夫 (Robert Metcalfe) 提出，是指网络的有用性（价值）与其节点的平方成正比，即网络的价值 $V = K \times N^2$（K 为价值系数，N 为网络节点数或用户数量）。
② 马斯洛需求层次理论（亦称"基本需求层次理论"），由美国心理学家亚伯拉罕·马斯洛 (Abraham Harold Maslow) 提出。该理论将需求分为五种，即生理需求、安全需求、情感和归属需求、尊重的需求、自我实现的需求，五种需求像阶梯一样从低到高，按层次逐级递升。同一时期，一个人可能有几种需求，但每一时期总有一种需求占支配地位，对行为起决定作用。任何一种需求都不会因为更高层次需求的发展而消失。各层次的需求相互依赖和重叠，高层次需求发展后，低层次需求仍然存在，只是对行为影响的程度大大减小。

求更高一级的需求。每个层次需要的满足程度都会影响到其他层次，同时又受到其他层次的影响。我国正处在向信息社会的加速转型期，工业社会的任务还没有完成，大量与信息社会相关的需求已经被激发出来。

在信息化城市建设过程中，要及时准确地把握需求变化趋势，并采取有效的应对措施。

四、影响信息化城市可持续发展的主要因素

信息化城市能否实现可持续发展，受到多种因素影响（见图7-4），如经济成长性、社会协调性、基础设施、资源环境、制度规范和城市安全。

图7-4　影响信息化城市可持续发展的6个因素

1. 经济成长性

经济发展是城市发展的前提和基础。信息化城市建设要充分发挥信息化对城市经济发展的带动作用，又要充分考虑到城市自身的基础和条件，采取适当的发展策略。

首先要充分发挥信息化建设对城市经济发展的带动作用。信息产业日益成为城市经济的主导产业，对城市经济发展起着重要的引导作用。利用现代信息技术可以促进城市产业结构优化升级和经济增长方式转变，走资源节约型的可持续发展道路。信息化建设也是一个扩大投资、拉动消费的过程，可以带动大量相关产业尤其是新兴产业的发展，成为城市经济发展的重要动力源。

其次要循序渐进、量力而行。信息化建设需要大量投入，尤其是在发展的初期，信息基础设施建设、技术研发和推广应用等都需要大量资金支撑。这就要求信息化规划和建设必须充分考虑城市自身的经济基础和条件，不能脱离实际盲目追求大干快上、全面赶超，避免造成经济紧张甚至使城市发展难以为继。

2. 社会协调性

社会协调性是信息化城市可持续发展的必然要求。从我国城市发展的现状和需求看，需要致力于实现经济社会协调发展和城乡统筹发展。

一方面，注重经济社会协调发展。单纯追求经济增长，贫富差距过大，会引发严重的社会问题，城市就很难长治久安。要加大社会事业领域投入，通过制度创新建立完善社会保障和利益均衡机制，充分利用现代信息技术不断提高社会管理能力和满足公众需求的能力，实现城市经济社会协调发展。

另一方面，注重城乡统筹发展。农村发展离不开城市的带动和支持，城乡一体化是我国重要的发展战略，也是信息化城市可持续发展的客观要求。充分挖掘农村市场潜力、最大限度减少二元社会结构带来的矛盾和摩擦、最大限度发挥城市信息化建设成效，都要求注重城乡统筹发展。要充分发挥城市经济和产业发展对农村经济发展的带动效应，完善农村信息基础设施，推动信息技术应用向农村基层延伸，完善城乡一体化的社会保障体系。

3. 基础设施

城市基础设施是城市可持续发展的重要支撑。信息化城市要实现可持续发展，基础设施的支撑能力要与城市发展需要相适应。

一方面，注重市政基础设施的建设和完善。随着城市的不断扩张和发展，必须配套发展城市供水、排水、道路、公共交通、煤气、热力、供电以及其他满足人民物质和文化需要的市政基础设施；同时要注重运用先进适用的技术提高城市基础设施的智能化水平，不断提高城市的承载能力，完善城市功能。

另一方面，重视现代信息基础设施建设和管理。建立完善城市信息基础设施建设统筹规划制度，由多部门共同推进。充分考虑城市长远发展对基础信息网络的需求，科学合理规划信息网络布局，避免重复建设。完善普遍服务制度，使郊县农村地区和城市中的低收入人群等弱势群体都能够享受到优质的服务。

4. 资源环境

信息化城市要实现可持续发展，要充分考虑到自然资源和环境资源的承载力。

合理开发利用自然资源。近年来我国不少城市出现了水资源严重短缺、能源供需矛盾突出、重要矿产资源后备储量不足等问题，合理开发利用城市资源已经成为突破城市发展"瓶颈"的必然要求。信息化城市建设过程中，要坚持"保护中开发，开发中保护"的方针，实行资源有偿使用制度，通过市场、法律和必要的行政手段对特色资源的开发利用实行总量控制、合理配置，提高资源利用率。大力发展信息产业，利用信息技术改造和提升传统产业，有效缓解城市自然资源不足的重要途径。

保护和优化城市环境。当前许多城市，尤其是一些大中城市，居住环境并不是生态的、宜居的，仅仅满足了人们最低层次的生存需要，保护和优化城市环境是大多数城市发展中需要高度关注的问题。要通过制定、完善和严格执行相关制度，加大对城市污染治理力度和城市环境综合整治，不断优化城市生态环境。深化信息技术应用将对城市节能环保发挥十分重要的作用。

5. 制度规范

信息化城市要实现可持续发展，前瞻性的发展规划、具有连续性和稳定性的政策、大胆务实的制度创新都是必不可少的。

一是要制定前瞻性的发展规划。缺乏前瞻性的发展规划容易导致政策偏差，造成巨大浪费。在制定发展规划时，要认真研究和准确把握信息技术、信息化、城市发展和社会发展的基本规律和发展趋势，立足现实，放眼未来。既要把握转型过程中出现的机遇，又要规避可能出现的风险。

二是保持政策连续性和稳定性。信息化城市建设需要完整的政策体系相配套，同时要注重政策的稳定性和连续性，避免朝令夕改或虎头蛇尾。政策制定要正确处理好城市长远发展与短期收益间的关系，并尽可能地以法律和制度形式加以保障。

三是要勇于进行制度创新。有效的制度创新可以最大限度地优化资源配置、协调不同部门和群体利益，可以有效克服"一把手"工程的弊端，满足信息化城市发展对管理体制、组织形式、法律制度、标准规范等方面的新要求。一方面，加强由政府主导的制度创新。法律、法规，信息产品、管理等方面的标准和规范，以及信息安全保障等方面的制度，都必须依靠政府权威进行自上而下的创新和变革。另一方面，鼓励市场主体自发进行的制度创新。对于可以通过市场调节的领域，要充分发挥和保护企业等市场主体的自发创新。

6. 城市安全

城市安全是信息化城市实现可持续发展的必要条件。任何一个领域出现重大安全事故，都可能影响城市可持续发展，甚至导致城市付出沉重代价。

从当前形势看，信息化城市发展过程中，需要重点关注以下几个领域：一是生产安全，充分发挥现代信息技术在加强生产安全方面的作用。二是生活安全，充分利用物联网等技术手段建立食品药品追溯系统、社会安防系统等。三是应急管理，制定和完善城市突发公共事件应急预案，建立各部门联动的突发事件应对机制，构建覆盖面广的城市防灾减灾数字化网络等。四是信息安全，加强宣传培训，完善信息安全基础设施，建立健全信息安全保障机制。

案 例 选 编

做好顶层设计　突出重点应用
——北京市信息化城市建设案例

北京作为全国的政治、经济、文化中心，为适应城市现代化发展及市民日益增长的需求，提出了建设"智慧北京"的发展战略。"智慧北京"的建设思路概括起来讲就是"4+4"，即"四类智慧应用"和"四个智慧支撑"；其基本特征是"宽带泛在的基础设施、智能融合的信息应用、创新可持续的发展环境"。"智慧北京"建设的特色在于开展了市区两级顶层设计，充分发挥顶层设计对信息化城市建设的作用。建设的经验主要有：一是提升信息基础设施，推动应用普及；二是加强顶层管理，统筹支撑平台；三是促进应用与产业互动发展。

为顺应历史发展潮流，解决城市发展面临的突出问题，北京市提出了智慧北京发展战略。从做好顶层设计入手，针对城市发展中亟须解决的问题，突出重点应用，为信息化城市建设提供了有益的参考。

一、从"数字北京"迈向"智慧北京"

纵观21世纪前10年全球的发展，信息化仍然是新世纪的主要时代特征，仍然是全球范围内推动经济和社会发展的主要力量，仍然是提高国家竞争力的战略重点和制高点。以智能化为特征的新一代信息技术正在引发城市发展方式的深刻变革，智慧发展是提升城市管理与服务水平，加快发展方式转变，赶超世界一流城市，实现跨越发展的新思路、新方法和新路径。在"数字北京"的基础上，进一步建设"智慧北京"是北京顺应历史发展趋势、解决城市发展面临的问题的必然之选。

1. 新一代信息技术的变革浪潮正在到来

信息技术在世界范围内迎来了新一轮革命浪潮。云计算、无线移动、物联网等不断涌现，各种新技术的聚合效应催生了一大批新应用、新业态、新产业和新的生产方式和管理方式。信息技术应用正在朝着泛在化、融合化、服务化、智能化、绿色化和安全可信的方向发展。

2. 加快信息化发展是世界主要城市的战略选择

在信息时代，信息和知识成为经济社会发展的决定性要素，信息化成为全球范围内推动经济和社会变革的主要力量，成为国际主要城市提高竞争力的战略重点和制高点。

新一轮信息技术革命正在兴起，智能化普及的时代即将来临。云计算、物联网、智能处理等技术的应用将促使城市发展方式发生重大变革，改变人们的生产和生活方式，催生新的市场、新的商业形态，带来新的经济增长点，形成新一轮的产业发展浪潮。

在即将来临的智慧时代面前，世界主要国家和城市纷纷提出了智慧时代的行动计划。如美国于 2010 年 3 月提出《国家宽带计划》，纽约市于 2009 年 10 月提出《连接的城市》计划，欧盟于 2010 年 9 月提出《欧洲数字战略 2020》，等等。

3. 城市发展中面临的难题亟须解决

当前，北京市发展过程中面临的人口、交通、资源等方面的压力越来越大，社会管理也面临新的形势。

第一，人口总量增长快，结构趋于老龄化，密度不断提高。人口过快增长。人口总数逐年增加，2000~2009 年北京市常住人口数逐年增加，平均年增长率达到 2.905%。人口结构趋于老龄化，据统计，2009 年户籍人口中 60 岁以上比例超过 18%，预计到 2020 年，户籍人口老龄化程度达到 29%，老龄化呈现加速趋势。人口密度进一步提高，企业城市功能核心区人口密度是拓展区的 16 倍、生态涵养发展区的 64 倍。

第二，交通压力持续增大。机动车数量激增。到 2010 年 7 月，北京市机动车总量已达 436.4 万辆。交通拥堵情况正日益恶化，每天堵车时间已由 2008 年的 3.5 小时增至现在的 5 小时。轨道交通不堪重负，如地铁 5 号线日客流量达 80 万人次，已接近 2032 年的远期预测客流。

第三，资源"瓶颈"日益凸显。北京自然资源禀赋缺乏，随着城市的快速发展，对资源的需求也将快速增长，资源的"瓶颈"效应将日益凸显，不仅增加了城市交通运输系统的压力，而且使得城市"生命线"变得更加脆弱。另外，北京的生态环境也面临更大的压力。

第四，社会管理面临新的形势。随着改革开放的深入和社会主义市场经济的发展，长期以来在封闭、半封闭环境和计划经济条件下形成的社会结构发生了全方位、根本性变化。人们的思想意识、价值取向、道德观念多元多样多变，公平意识、民主意识、权利意识、法治意识、监督意识不断增强，共享改革发展成果的愿望日益强烈。但与此同时，社会发展中的不平衡、不协调、不可持续性，地区之间、城乡之间的发展差距以及社会成员之间的收入分配差距依然较大等问题尚未得到根本解决，统筹兼顾各方面利益难度加大。这就意味着城市社会管理面临更加复杂的形势。

第五，城市安全面临新的挑战。信息化浪潮重新定义了安全的内涵与边界。除了传统意义上的生产安全、社会安全、经济安全、生态安全、文化安全外，信息安全的重要性日益凸显。安全问题已经超越地域界限，传统的安全保障方式难以应对新时期的挑战。

4. 建设"智慧北京"是北京实现跨越发展的重要抓手

自从 1999 年首次提出"数字北京"以来，经过两个五年计划，北京已经基本实现了规划目标，信息化在首都经济社会发展中发挥了不可替代的作用，信息化整体水平全国领先，达到世界发达国家主要城市的中上等水平，为迈入智慧城市的新发展阶段奠定了坚实的基础。

"十二五"开局之年，北京市提出了新阶段发展的指导思想，即围绕主题主线，实现"两个率先"，实施"三大战略"，做好"四个服务"，打造"五个之都"，推动北京向中国特色世界城市迈进。新的发展目标，既是对信息化的新要求，也是信息化跨越发展的新机遇。

二、"智慧北京"的发展愿景和建设思路

1. 发展愿景

"智慧北京"是在"数字北京"基础之上城市信息化发展的新形态，主要特征包括：宽带泛在的基础设施、智能融合的信息应用、创新可持续的发展环境。

"智慧北京"的发展愿景是：到 2015 年，初步建成泛在、融合、智能、可信的信息基础设施和信息社会公共基础平台，形成比较完善的信息化发展环境，智能化应用全面普及，高端信息产业蓬勃发展，初步实现城市智能运行、市民数字生活、企业网络运营、政府整合服务，信息化整体发展达到世界主要城市的一流水平，从"数字北京"向"智慧北京"全面跃升。

"智慧北京"的建设思路概括起来讲就是"4 + 4"，即"四类智慧应用"和"四个智慧支撑"。"四类智慧应用"包括城市智能运行、市民数字生活、企业网络运营、政府整合服务，"四个智慧支撑"包括智慧城市支撑平台、新一代信息基础设施、世界一流信息产业、信息社会政策法规环境（见图 1）。

2. 关键指标

城市智能运行。主要包括：人口精准管理，寓管理于服务；交通智能管控，道路综合监控比例达到90%以上，居民可随时获取出行信息；资源环境与城市安全智能监控，智能电表、智能热力表覆盖率达

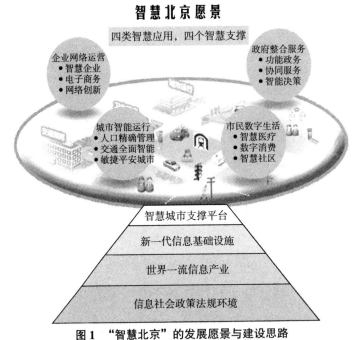

图1　"智慧北京"的发展愿景与建设思路

95%以上。

市民数字生活。人人享有医疗、教育等便捷的民生服务，电子健康档案覆盖率达90%以上；居民形成数字消费习惯，80%以上的居民通过网络进行消费；建设2000个智慧社区（村）。

企业网络运营。企业全上网，80%的企业建有业务系统；电子商务成为主流，50%的企业应用电子商务；信息技术成为企业创新的驱动力，形成8~10家世界一流的智慧企业。

政府整合服务。市民一站式办理各种服务，可全流程在线办理的行政事项超过90%；所有部门互联协同共享，80%的共享需求得到满足；全面感知支撑智能化决策。

新一代信息基础设施。家庭网络固定接入速率能力达到100兆，高端功能区达10千兆；建设成为国内最好的TD-LTE（4G）试点城市，率先实现 4G 覆盖;"三网融合"全面实现,高清交互数字电视接入率达 75%。

世界一流信息产业。软件和信息服务业实现业务收入 6800 亿元;电子商务交易额达到 1 万亿元;云计算产业规模达到 500 亿元,云应用水平居世界各主要城市前列。

3. 建设思路

"智慧北京"的建设思路是将"四类智慧应用"和"四个智慧支撑"划分为政府主导领域(电子政务)和市场主导领域分类推进。

政府主导领域(电子政务)按照"282"的结构推进,即将"智慧北京"的电子政务总体架构分为三层,包含 2 个顶层应用,8 个协同领域和 2 个基础支撑。2 个顶层应用包括领导决策指挥和公众集成服务;8 个协同领域包括人口服务管理、交通服务管理、资源环境管理、城市安全保障、民生服务、社会服务管理、市场服务管理和政府绩效提升;2 个基础支撑包括政务智能应用支撑平台和政务信息基础设施(见图 2)。

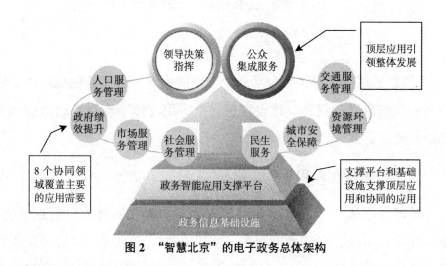

图 2 "智慧北京"的电子政务总体架构

市场主导领域按照"两大应用，两大支撑"的思路推进。包括社会信息化、企业信息化两类应用领域，以及公共应用支撑平台和公共信息基础设施两大支撑（见图3）。

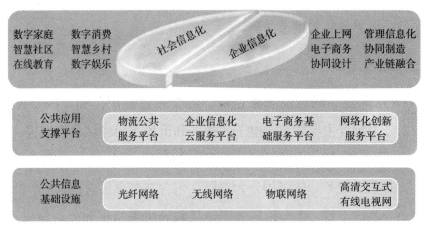

图3 智慧北京应用支撑体系示意图

三、"智慧北京"建设内容

"智慧北京"建设主要包括4个方面的内容：普及智能化应用、建设新一代信息基础设施、建设智慧北京应用支撑平台和推动信息产业高端发展。

1. 普及智能化应用

城市智能运行。人口服务管理方面，要建立实有人口信息系统，建立居住证系统，寓管理于服务，实现人口、出租房屋、劳动就业等信息的准确掌握和共享；交通服务管理方面，要基本实现全路网监控，各类交通信息共享与协调联动，为公众提供丰富的出行信息；资源环境管理方面，要普及智能电表、水表、燃气表和供热计量器，实现电力、水资源和燃气等资源和能源智能管理；城市安全保障方面，要实现视频监控、消防监控、有毒气体监测覆盖全市，网格化社会服务管理覆盖城乡，形成部门联动和一体化的应急抢险救险综合智能处置体系。

市民数字生活。公共服务方面，要实现市民卡一卡多用，居民健康档案普及，有效解决看病难、挂号难等难题；数字便捷生活方面，市民能方便获取丰富的学习资源，享受各类数字消费，随时随地移动办公，新兴的网络就业方式不断涌现，智能社区（村）逐步普及。

企业网络运营。数字运营方面，信息化应用在企业全面普及，电子商务普遍应用，基于网络的新兴商业模式创新不断出现，在液晶平板、汽车、通信、物流、金融等重点领域形成 8~10 个世界一流水平的智慧企业；信息化引领创新方面，信息资源要成为重要的生产要素，信息技术促进传统制造业、服务业转型升级，促进经济绿色高效发展。

政府整合服务。服务方式方面，要基本实现所有公共服务全程在线办理，形成面向公众的集成服务平台，重点行政事项"一站式"办理和全城通办；信息资源利用方面，要实现各种信息资源有效共享和整合，政府准确掌握城市经济、社会的运行动态状态，科学决策和快速反应能力进一步提升。

2. 建设新一代信息基础设施

第一，完善高速泛在的信息网络，实现光纤到企入户，宽带无线覆盖北京市，完成有线电视高清交互改造，建成世界一流的"无线城市"；第二，建设北京市传感器、监控摄像头等各类传感终端，建设北京市统一的政务物联数据专网和无线宽带专网；第三，建设一流的数据中心服务体系；第四，建设覆盖北京市的便民服务终端网络；第五，提升信息安全基础设施的主动防护能力。

3. 建设智慧北京应用支撑平台

第一，建设城市空间实体可视化管理体系，建立人、地、物、组织在虚拟空间的唯一标识，支撑各类信息化应用可视化、关联化和智能化；第二，建设政务云计算平台，为政府网站、办公、通用应用和基础数据需求提供云计算服务；第三，建设政务物联网应用支撑平台，统筹管理北京市物联网终端，支撑物联信息的交换、汇集、加工和展示服务；第四，建设社会公共服务基础平台，为市民卡、电子病历和社会信息提供支撑服务；第五，建设电子商务和企业信息化服务平台，为企业的信息化应用提供基础性公共服务。

4. 推动信息产业高端发展

第一，依托中关村自主创新示范区的优势，着力推动物联网、云服务、移动互联网等新一代信息技术产业，打造高端产业集群；第二，发展高端的电子信息产业，推动传感器、装备制造向智能化和高端发展，大力发展数字生活的消费电子制造；第三，建设世界一流的软件与信息服务业，在基础软件、行业解决方案、基础信息服务、外包服务和信息内容产业实现重点突破；第四，大力培育新兴业态，加强信息技术与文化创意产业的融合，大力发展电子商务。

专栏 1

"智慧北京"的重点应用建设进展

1. 建成市民主页

市民主页是政府公共服务在移动互联网上的统一出口。2011 年 6 月 11 日，北京市政府与中国移动通信集团公司举行无线城市签约暨"市民主页"开通仪式。市民通过"市民主页"足不出户就可享受涵盖 9 大类共计 59 项的政府便民服务。未来，"市民主页"将作为政府公共服务基于移动终端的统一公共服务平台，向市民提供包括社保医保账单查询、手机缴纳车辆违章罚款、个税查询、升学信息查询、在线办理护照延期等服务。

2. 开展电子病历试点工作

根据卫生部《关于开展电子病历试点工作的通知》，北京地区市共有 9 家医院（北京大学人民医院、北京大学第三医院、同仁医院、天坛医院、阜外医院、中日友好医院、北京医院、顺义区医院、大兴区人民医院）参与试点工作。为此，北京市制定了详细的《北京市以电子病历为核心的医院信息化试点工作实施方案》，提出了工作目标：利用 1 年左右的时间，通过在部分医院开展电子病历试点工作，探索建立适合北京市实际情况的电子病历系统；建立完善电子病历应用管理制度、工作模式、运行机制以及质量评估和持续改进体系；探索医院现有医疗信息系统的集成方法，建立统一的医疗数据中心，实现医院内部不同系统的互联互通、数据共享。加强数据中心管理，建设信息安全管理体系，通过全市统一的 CA 认证平台完成电子命名和身份认证，并明确了具体的组织管理机制、实施步骤和工作要求。北京市电子病历试点工作取得了重要进展。

3.用信息化创新社会管理模式

一是东城区社会管理网格。东城区以每 1 万平方米为基本单位，将辖区划分成了 1593 个网格单元，由 350 名城市管理监督员实施全时段监控，着眼于市容的清洁、居民的投诉、对辖区内摊贩的管理、非法小广告的清理等。2010 年在原有网格的基础上，东城区重新被划分为 589 个网格，每个网格都有"七种力量"进驻（网格管理员、网格助理员、网格警员、网格督导员、网格党支部书记、网格司法工作者、网格消防员），一格多员，一员多能，一岗多责，从区、街道一直到社区和网格，建立了四级管理体系，初步形成了社会管理新网格。

二是朝阳区探索全模式管理。全模式管理包含应急管理、城市管理、综治维稳、安全生产、社会事业、社会保障、社会服务、经济动态、法律司法、党建工作 10 大模块，把涵盖居民生活的 79 个大类、439 个小类、3452 个细类的社会事务全部数字化。居民们"看单点菜"，"管事"的人就在身边，坐在家中，居民就能轻松享受到订餐、代购、身体检查等近百项服务。

4.开展了北京市智能交通系统建设顶层设计工作

为缓解道路交通拥堵问题，北京市信息化主管部门组织专家开展了市智能交通系统建设顶层设计工作。在梳理了交通发展现状的基础上，从整合交通出行信息与服务、智能的停车管理与电子收费、全面的信息感知与科学决策、联动的系统与交通方式衔接等方面，明确提出了"十二五"时期智能交通系统建设的主要目标、具体实施路径和重点工程，为后续工作奠定了重要基础。

四、扎实推进"智慧北京"建设

为确保"智慧北京"建设取得实效，北京市采取了多个方面的保障措施。

1. 加强领导与管理创新

加强各级信息化工作领导小组领导，完善市信息化专家咨询委员会决策咨询机制；按照政府主导和市场主导，分类加强领导；在人口、交通等领域建立信息化分组联席会议制度，联席会议成员单位相互讨论年度信息化规划、年度计划和项目方案，共享使用成员单位的信息化建设成果；推动部门信息中心改革，建立全市统一的政务部门信息化服务体系；深入开展重大应用顶层设计，建立以顶层设计引领信息化工作的统筹机制。

2. 完善"智慧北京"法制环境

完善《北京市信息化促进条例》，制定个人信息保护、电子商务、信用管理、信息安全、电子文件可信、互信互认、互联互通、互认共享、共享互认等基础性法规；加快制定"三网融合"、市民卡一卡多用、政务信息"一表化"采集、基础数据库使用与管理、传感器标识管理等基础性政策文件；根据重大应用的需要，制定配套的法规和制度；根据"智慧北京"发展的需要，及时调整优化部门的职责和业务流程。

3. 统筹加强资金投入

加强"智慧北京"建设资金的统筹和投入，积极利用市重大科技成果转化和产业项目统筹资金，加大引导社会资金投入，重点支持信息基础设施提升、公共服务数字化、两化融合、软件与信息服务业的发展，加强重大应用和示范区支持；引导多方参与"智慧北京"建设，规范信息化服务市场，推动"大外包"机制，积极采用"建设—转移（BT）、建设—运营—转移（BOT）"等"社会带资建设、政府购买服务"的模式加快信息化发展；加强建设资金的审核与监管，提高信息化资金使用效益；在重点区域和条件成熟的区域设立试点示范区，加强配套措施、资金和技术等方面的支持。

4. 完善高端人才体系

在党政机关、市级主要部门、区（县）政府设立首席信息官（CIO），鼓励和引导重点企业设立专职首席信息官；加强对领导、骨干、重点岗位人员的培训力度，完善政府信息化人才考核、表彰、激励、职业发展等人力资源机制；对接中央"千人计划"、北京"海聚工程"平台和中关村"高端人才聚集工程"，完善高端信息化人才服务体系和引进计划。

5. 优化科技创新环境

积极利用发展战略性新兴产业和建设中关村国家创新示范区的有利契机，加强科技创新环境建设，鼓励信息技术孵化器的发展；依托工程研究中心、重点实验室等创新平台，加大对重大技术的研发投入和支持力度，完善信息产业重大科技成果转换和产业项目统筹机制；建立一批"智慧北京"体验中心，形成市民体验、企业实验的开放式创新环境；加快制定"智慧北京"建设标准体系；加强政府采购中关村自主创新产品试点建设，支持技术联盟发展，加强知识产权保护；加强国际交流，发展国际智慧城市合作与交流机制，鼓励国际高端资源与本土企业对接，培育具有国际水平的一流企业。

6. 加强评估与考核

建立"智慧北京"发展水平评估体系，开展年度发展水平评估和电子政务绩效考核，将评估考核结果纳入部门、区（县）和干部工作绩效考核。发展第三方机构独立评估。发布"智慧北京"发展报告，向社会宣传"智慧北京"建设成果。

五、"智慧北京"建设的特色与经验

1. "智慧北京"建设特色

首先，开展了"智慧北京"市区两级顶层设计。

市经济和信息化主管部门在市委市政府和市信息化领导小组的领导下，开展了"智慧北京"市区两级顶层设计工作。设立 12 个市级顶层设计工作组，分别是领导决策指挥组、公众集成服务组、人口服务管理组、交通服务管理组、资源环境管理组、城市安全保障组、民生服务组、社会服务管理组、市场服务管理组、政府绩效提升组、政务智能应用支撑平台组和政务信息基础设施组，分组开展市级顶层设计工作。区级顶层设计工作组按照市级的总体部署和各区（县）的特色，开展区（县）顶层设计工作。

其次，滚动制定部门和区（县）年度实施方案。

各部门和各区（县）按照倒逼机制，根据"落实智慧北京关键指标责任表"和顶层设计，滚动制定本部门、行业和区域的年度实施方案，细化工作目标和内容，落实责任主体、资源和措施，每年定期报市信息化领导小组审批，通过后在本单位的年度任务中落实。

2. "智慧北京"建设经验

经验一：提升信息基础设施、推动应用普及。

建设宽带、全覆盖的公共信息基础设施。2010年北京市实现2兆宽带北京市覆盖，20兆宽带接入用户数达335万户，覆盖率达50%。光纤到户数为200万户，覆盖率达28%。3G网络覆盖城乡，北京市累计建设约1.8万个3G基站和5400多个WiFi接入点，3G用户超过254万，无线城市建设初具规模。高清交互数字电视逐步推广，用户已达130万户，覆盖率为26.6%。

建设高性能的政务信息化基础设施。"十一五"期间，北京市建成了电子政务有线专网、880兆无线专网。电子政务有线专网由政务内网和政务外网组成，2001年开始统筹建设，到2008年底，政务外网接入单位7395家，承载业务系统300多个，保障了6000多个电子政务应用。880兆无线专网是全球最大的城市级数字集群网络，2004年正式投入使用，到2009年8月，建成5套交换机和289套基站，入网用户达6.8万。

推动信息化全民普及。2010年末，北京市互联网覆盖率全国第一，网民数达到1218万，普及率达69.4%。移动电话用户数达到2129.8万户，较2009年增加了17.2%，普及率达121.4部/百人，是全国平均水平的1.89倍。

推动电子政务核心业务信息化全覆盖。到 2010 年，各部门的核心业务信息化基本全覆盖，建成 700 多个信息系统，覆盖了经济、民生、城市管理、科技文化、社会管理、党政事务等多个领域。

应用信息技术创新管理模式。集成公务员门户、决策服务系统等提供的有关信息资源，获取城市运行监测信息，接入地理空间、决策服务、法人查询等系统，服务于应急业务应用。全面整合城市运行监测的实时信息，积极推动应急科技手段应用和业务创新，构建"三位一体"的城市公共安全长效机制。提出城市安全运行和应急管理领域物联网应用"1＋1＋N"总体框架，规范物联网应用建设，实现城市日常管理与应急管理的有机结合，达到"管得住、上得来、能整合、看得见"的目标。

经验二：加强顶层管理，统筹基础支撑平台。

制定北京市《电子政务总体技术框架》，指导电子政务建设。制定了以《电子政务总体技术框架》为基础，包括《政务信息资源共享交换平台技术规范》、《政务信息资源目录体系》等 45 个标准规范的信息化标准体系，为实现电子政务系统对接和资源共享提供了基础。

建立电子政务项目全流程管理体系，统筹各部门信息化工作。建立了信息化项目全流程管理机制，包括 6 个阶段、18 个环节，实现了从规划到运维的闭环项目管理，提升了信息化项目的规范性和绩效。

建设市政务地理空间信息共享服务平台，支撑政务地理信息应用。通过建设政务地理空间信息共享服务平台，可以为北京市政务部门提供在线、实时的信息资源共享服务。截至目前，该平台已支撑了北京市 30 多个政府部门的 61 个系统的应用，取得了十分显著的社会效益和经济效益。

建设市政务信息资源共享交换平台，支撑跨部门数据共享交换。

通过建设共享交换平台，支撑了领导决策、应急指挥、城市运行监测平台、执法信息共享、人口数据核实、法人组织机构代码数据共享等重大应用。截至目前，共有 70 个政务部门接入了市共享交换平台，开展了 400 多项跨部门、跨层级共享交换工作，支撑了各部门的几十项业务工作，通过该平台累计开展了 1 亿多条数据的共享交换工作。

建设基础数据库，支撑全市共性数据需求。"十一五"期间，北京市重点建设了人口、法人、空间地理和宏观经济四大基础数据库，实现了信息资源的统筹建设与应用。

经验三：促进应用与产业互动发展。

将信息产业作为北京市的支柱产业。2010 年北京软件和信息服务业实现业务收入 2797 亿元，是 2000 年的 14.7 倍，年平均增长率高达 31.4%。2009 年北京市电子商务交易总额实现 3200 亿元，是 2002 年的 7 倍之多。2009 年 B2B 交易额占总交易额的 91%，B2C 等其他模式占总交易额的 9%。

培育龙头企业，促进产业链整体发展。全国电子信息产业百强企业中北京市有 13 家，百强软件企业中北京市有 41 家，占比分别为 13%和 41%。

促进应用与企业对接，提升自主创新能力。采取多种形式加强信息化领域供需双向对接，推进政务和公共服务领域信息化项目应用自主创新产品的落实和实施，制定鼓励外包政策措施，创造良好的企业发展环境，做大做强北京信息服务业。

深入推动信息化与工业融合，促进信息化全面渗透。2009 年北京市工业和服务业企业信息化总投入约 200 亿元，占主营业务收入的 0.3%；全市工业和服务业企业上网率达 58.3%；电子商务交易额达 3200 亿元，电子商务销售额占企业总销售额的比重为 2.7%；全市工业和服务业企业门户网站约 4 万个。北京市工业发展正从单项应用向研发、制造和管理的集成应用阶段过渡，服务业发展已逐步向网络化服务和精细化管理阶段迈进，农业领域信息化应用也具备了一定的基础。

附：东城区网格化城市管理工作经验介绍

自 2010 年 7 月北京市行政区域规划调整以来，合并后新设立的东城区，辖区范围为原东城区和原崇文区辖区范围，面积达 41.84 平方公里，常住人口达 91.9 万，地处首都中心地带。作为首都功能核心区，东城区提出了"首都文化中心区，世界城市窗口区"的总体发展定位，这为东城区的城市和社会服务管理工作提出了更高的要求。

东城区委、区政府在精细化、科学化城市管理方面勇于创新，做出了有益的尝试。2004 年，东城区首创了万米单元网格的管理模式，并应用于城市市政的管理当中，取得了很好的成效。将"精细化"的工作理念形成了最直观的工作成果，即"网格化"的工作模式。2010 年，东城区被确定为社会服务管理创新综合试点区，在认真总结网格化城市管理工作经验后，创新提出了"精细化管理、人性化服务、规范化运行、信息化支撑"的网格化社会服务管理目标，将现代化信息技术与传统管理方法融合兼用，将社会群众的力量与专业组织的力量协调整合，力争建立一个天上有云（云计算中心）、地上有格（社会管理网格）、中间有网（互联网）的新型社会服务管理信息化支撑体系。东城区近年来在网格化城市管理方面的一些经验成果汇报如下：

一、网格化城市管理主要做法及成效

2004 年，东城区政府在总结多年城市管理工作经验和对城市管理规律进行深入思考的基础上，结合对多种信息技术的应用，创建了网格化城市管理模式，实现了城市管理从粗放到精细、从静态到动态、从开环到闭环、从分散到集中的转变，全面提高了城市管理水平。该模式构建了一个适应新体制、新方法和新机制的集成化城市管理信息平台，是对城市管理体制、机制及管理手段的重大变革和创新。

（一）主要做法

1. 首创万米单元网格管理法，创新城市部件管理法

以 1 万平方米为基本单位，将东城区所辖区域划分成若干个网格状单元，由城市管理监督员对所分管的万米单元实施全时段监控，对管理空间实现分层、分级、全区域管理。把城市管理对象作为城市部件管理，运用地理编码技术，将城市部件按照地理坐标定位到万米单元网格地图上，通过网格化城市管理信息平台对其进行分类管理。

2. 创建两个"轴心"的城市管理体制

对原有体制进行革命性变革，通过整合政府的城市管理职能，建立城市管理监控中心、评价中心（即城市管理监督中心），同时建立指挥、调度、协调中心（即城市综合管理委员会），形成城市管理体制中的两个"轴心"，将监督职能和管理职能分开，各司其职、各负其责。

3. 城市管理流程再造

在管理体制创新、技术创新以及成熟信息技术综合应用的基础上，对工作程序进行科学优化和重新设计，建立面向流程的组织、人员和岗位结构，以较低的投入极大地提高城市管理效率。

4. 建立科学的监督评价体系

建立一套科学完善的监督评价体系，对城市管理的各方面进行综合考核评价，作为政府考核业绩的重要内容之一。

除了以上创新，东城区还在网格化城市模式中整合数字城市技术应用，以信息流调控人流、物流，实现了城市管理的信息化、人性化、法制化和透明化。

（二）主要成效

（1）较大提高了城市管理效率和管理水平，有效解决了城市管理中"政府失灵"问题，6 年多来共立案处理各类城市管理问题 707247 件，结案 700740 件，结案率为 99.08%；平均每月处置问题 12000 件。

（2）深受群众欢迎，对促进社会和谐起到良好作用，截至 2011 年 6 月 30 日，监督中心已接受社会公众电话举报问题 14330 件，立案 5543 件，已经结案 5304 件，结案率为 95.69%。

（3）编制了数字化城市管理新模式 6 个国家行业标准，并由建设部批准颁布在全国实施，在全国 51 个城市进行试点，目前，4 个直辖市、大部分的省会城市等近百个城市都全面引进并实施了网格化城市管理模式。

二、网格化社会服务管理创新工作的主要做法及成效

2010 年，东城区被确定为社会服务管理创新综合试点区，区委、区政府迅速成立了由杨柳荫书记、牛青山区长任组长的东城区网格化社会服务管理领导小组，在认真总结原东城区、原崇文区两区"万米城管网格"、"信访代理制"和"城管综合执法机制"的理念及实践经验的基础上，又提出了"精细化管理、人性化服务、规范化运行、信息化支撑"的网格化社会服务管理指导思路，遵循标准化、集约化、协

同化、服务化、可视化 5 大指导原则，研发设计了支撑新的社会服务管理模式的信息化系统。

（一）主要做法

1. 建立新型社会服务管理信息化支撑体系

我们通过建立一个天上有云（云计算中心）、地上有格（社会管理网格）、中间有网（互联网）的新型社会服务管理信息化支撑体系，承载了东城区新的社会服务管理模式，即纵向到底、横向到边的"四级管理、三级平台"的管理模式（区级综合指挥中心、街道分中心、社区工作站三级信息化支撑平台，实现区、街道、社区和网格 4 级用户基于平台开展网格化服务管理工作）。

在"四级管理、三级平台"体系下，东城区网格化社会服务管理工作主要围绕社会管理、社会服务和社会参与三条主线开展。网格化社会管理主要包括网格化基础数据的采集和日常化更新、社会事件管理、社情民意了解分析等。网格化社会服务主要包括商业便民服务、社区为老服务、就业服务、居民办事服务等。网格化社会参与主要是通过居民议事大厅、民情博客、互动微博等技术手段，建立政府和社会公众间的信息沟通渠道，通过渠道发现问题并及时处置，使社会公众可以直接参与到社会管理工作中来。

2. 提出社会服务管理网格的划分方法

在城管网格的基础上，结合社会管理特性，将全区 17 个街道 205 个社区，划分为 589 个社会管理网格，创新设计了静态码＋动态码的编码规范。建立起相互关联的 7 大类、32 小类、170 项信息、2043 项指标项的基础数据库群，通过与地理信息系统的无缝衔接，实现了"人进户，户进房，房进网格，网格进图"，创新了精细化服务管理模式。

3. 构建社会服务管理标准化体系

信息化建设坚持标准先行，我们先后建立了基础数据标准、业务流程标准、事项办理标准、"三级平台、四级管理"工作规范以及6步闭环事件处理规范，构建了社会服务管理的标准化体系，为指导信息化建设和服务工作、健全服务体系提供了有力支持。

4. 建立6步闭环业务协同法

根据网格化社会事件管理特点，将社会管理工作划分为5大类、71项中类、167项业务事项、188项事项流程。事件涉及5家牵头单位，29家相关委办局。为实现34个机构、188项事件流程的协同，在调研分析的基础上，提出了社会事件"发现上报—指挥派遣—处置反馈—任务核查—评价考核—结单归档"的6步闭环业务协同法。利用信息技术，将工作流程数字化，依托信息系统，动态调度分配流程任务，跟踪流程执行情况，实现跨部门、多流程的业务高效协同。

5. 初步建立社会服务管理数据云服务平台

整理分析了全区常住人口、流动人口、境外人员、重点监控等基础数据。充分利用现有资源，挖掘数据关系，完成了相互关联的人、地、物、组织、房屋、地下空间基础数据库的建设，整合了全区基础数据，总体上看，初步建立起了支撑东城区网格化社会服务管理的数据云服务平台。

6. 创建云—网—格相连的社会服务管理信息化支撑体系

根据网格化社会服务管理创新业务模式，构建了5大数据库群、6大技术平台的云中心总体框架，对全区人、地、事、物、情、组织、房屋等各类信息进行集中、集约管理。街道、社区、网格和职能部门通过互联网、移动通信网，作为"云端"，接入云中心，基于云中心数据和服务，开展网格化社会服务管理业务，形成云—网—格相连的信息支撑体系。工作人员第一时间发现管辖网格内的社情民意，通过该体系，反映到社区、街道、区委、区政府。区、街道、社区实时监控各级的社会问题和事件处置情况，极大地提高信息收集和问题处理效率。

（二）工作成效

1. 覆盖全区的网格基础地理平台初步建成

本着完整性、便利性、均衡性、差异性的原则，在万米网格基础上，通过合并整合，顺利完成了全区的网格划分。本着集约、实用的原则，顺利建成覆盖全区的 2.5 维地图服务体系，并完成了同已有二维地图平台的有机集成，为网格化社会服务管理建立了基础地理平台。

2. 动态更新的基础信息资源体系基本建立

充分利用现有资源，挖掘数据关系，完成了相互关联的人、地、物、组织、房屋、地下空间基础数据库的建设，整合了 120 多万条基础数据，其中常住人口信息 953998 条、流动人口信息 220444 条、境外散居人口信息 8108 条、地信息 21881 条、物信息 3925 条、组织信息 31469 条。并且，实现了人—户信息的 100%关联、人—房信息的 80%关联。总体上看，初步建立起了支撑东城区网格化社会服务管理的基础信息资源体系。同时，还完成了网格化社会服务管理基础数据的动态更新系统建设，为基础数据更新的日常化、业务化夯实了基础。

3. 实时全面的网格民情采集体系基本建立

基于信息化的网格民情日志和社会事件采集体系已经建立，采集工作已常态化运行。基于网格化社会服务管理平台，全区 589 个网格助理员平均每天采集民情日志信息 4000 多条，社会事件 600 多条，平均每个网格每天采集民情日志约 6 条，社会事件约 1.5 条。民情日志和社会事件的快速采集，提高了各级部门对社会问题的发现能力和处理时效。同时,通过手机和平板移动报送终端的试点应用,4个试点街道的23个试点用户实现了社会事件和民情日志报送的近实时化,进一步提升了信息采集的时效性。

4. 高效规范的事件协同处理流程已经成型

认真梳理了流动人口、矛盾调解、矫正帮教、综合执法、治安防控5大类188项事件的流程,创新提出了6步闭环事件处理流程体系,完成了基于工作流的闭环事件处理流程开发,通过数字工作流,固化了工作流程,实现了跨部门协同,为建立社会事件快速发现、协同处理、科学评价流程体系提供了有力保障。

5. 初步构建数据云服务中心,云服务优势逐步显现

初步构建了数据云服务中心,组成了一支快速响应的高效服务团队,形成了问题接报—任务分配—问题处置—结果上报的响应机制,中心自系统 V1.0 版本上线以来,共接听来电890个,日均19.3个,反映问题共6大类,602个。中心针对各类情况,充分发挥了协调机制。在工作中不断摸索,形成了中心数据资源的云管理和对各街道、委办局的云端资源服务模式。

三、近年来运用网格化管理模式的其他典型案例

近年来东城区的重点信息化工程,如蓝天工程、社区卫生工程和社会救助工程等,不断拓展网格化管理模式的应用范畴,在教育、卫生、民政等领域取得良好的应用成果。

(一) 在教育领域实施"学区化管理"和"蓝天工程"

运用网格划分方法对东城区教育资源实施学区化管理,将全区划分为5个学区,把分散在不同学校的师资力量、教学设施、课程等资源在学区内进行整合,建立资源共享机制,促进了全区教育均衡发展。

通过实施蓝天工程，整合了包括博物馆、文体活动场所等在内的 560 多家资源单位、300 多个活动场所、100 多个课程资源基地，借助信息化手段进行联通聚集，全区中小学生通过课外活动卡即可到这些场所开展课外活动，使课堂教学向社会教育实践延伸；建设青少年课外活动门户网站和多个数据库，建立了科学评价体系，定期对学生课外活动、学校组织管理水平做出等级评定，适时对资源单位服务提出改进建议。这两项工程实施以后取得了良好的社会反响，双双获得中国教育学会第 18 届年会一等奖，蓝天工程还被中央文明办在全国范围内推广。

（二）在卫生领域助推社区卫生服务改革

2006 年东城区将网格化管理思想和手段率先应用到卫生领域，推动社区卫生服务改革，主要内容包括：应用网格化管理方法，在全区建设 45 个社区卫生服务站、81 个全科医生工作室，实现均衡布局、精细管理；开展居民住房、人口和健康状况普查，摸清服务对象基本情况；建设社区卫生服务信息平台，建成全科医生业务管理、社区卫生服务站业务管理等 10 个应用系统。2008 年又建立了远程视频诊疗系统，进一步方便了群众就医。同时，大力加强标准化建设，形成了用药范围标准、服务标准等 16 个标准，确保了规范化运行。社区卫生服务新模式运行 4 年多来，受到了各级领导、专家和社区居民的普遍好评。行政区划调整以后，社区卫生服务信息平台正在积极向南片扩展延伸，力求尽早实现新东城区 5 个社区卫生服务中心和 56 个社区卫生服务站全覆盖。

（三）在民生领域建立了数字化社会救助体系

2006 年底，基于网格化管理思想通过建立社会救助信息平台，促进救助资源整合和信息共享，建成了北京市首个区级数字化社会救助体系，使 16 类 2 万余名困难群众得到了更加及时有效的救助保障。该体系的主要特点是：全面梳理涉及 16 个部门、10 个街道的 79 个救助项目，实现救助管理一体化；明确各救助项目主体、对象、程序等方面的标准，实现救助行为规范化；对救助资源细化分类，确定救助资源与救助需求间的点对点匹配，实现资源配置智能化；明确了各项定性、定量评价指标，实现监督评价科学化。

东城区经过几年的应用实践，已经将精细化的管理思路蕴涵在方方面面的工作之中，形成了一套"精细化管理、人性化服务、规范化运行、信息化支撑"的城市管理新模式。东城区作为创始者，已将网格化工作模式打造成本区城市管理工作的品牌，成为全市城市和社会服务管理工作的亮点，也为全国各地区城市和社会管理工作提供了示范。

低碳广州　智慧广州　幸福广州
——广州市信息化城市建设案例

广州市的经济发展水平和信息化水平在全国都处于领先地位。广州市围绕创建国家中心城市，在信息化城市建设过程中，一方面，通过建设"智慧广州"解决城市发展中遇到的问题，如城市拥堵、社会治安、城乡一体化等；另一方面，进一步提升整个城市的综合实力和国际影响力。在"智慧广州"建设过程中，广州市在机制建设、优先发展试点示范、利用资源整合汇聚建设力量、大型活动推广信息化应用等方面，都初步积累了可供借鉴的有益经验。

近几年，广州市以加快建设"信息广州"作为推动科学发展的核心战略，电子政府、信息惠民富民、信息兴业、网络新都、网络文化、信息创新、信息合作7大工程建设取得显著成果，为全面推进智慧城市建设奠定了坚实的基础。

一、智慧城市的建设基础

1. 现代信息基础设施支撑能力强

作为国家三大电信出口、互联网出口和互联网交换中心之一，广州市建成了具有国际水平的现代信息基础设施。截至 2011 年 3 月，广州市互联网国际出口带宽占全国的 50% 以上，城市光纤网络到楼超过 95%，3G 网络覆盖全市的 95%，宽带网络连通到 1146 个村镇，无线接入点 3.5 万个，"无线城市"宽带网络用户达 380 万，机器对机器（M2M）终端数量达 35 万个，建成涵盖 1751 多万自然人、98 万多法人信息的基础数据库，投资 60 亿元的中金数据华南数据中心启动建设。作为全国首批试点城市之一，广州已在亚运期间建成规模最大的第四代移动通信（TD-LTE）试验网，不久的将来，广州市民将可以享受到全球领先的 4G 服务。

2. 信息产业创新发展快

信息产业成为广州发展战略性新兴产业的重要增长点和国民经济的支柱产业，信息产业增加值占全市地区生产总值的比重超过 9%。2010 年全市电子信息产品制造业产值突破 1803 亿元，增长 32.8%，软件和信息服务业收入预计将超过 1400 亿元，光电显示、数字音视频、宽带无线移动通信产业保持高增长态势，产业结构进一步高端化。国家集成电路设计广州高新技术产业化基地获科技部批准，广东省战略新兴产业数字家庭、新一代宽带无线移动通信、平板显示、物联网 4

个产业基地获省政府批准。通过承接国家重大科技专项和实施重大项目，广州市在数字家庭、新一代移动通信等重点领域已经形成了以标准为核心、以芯片为突破的创新特色，研发出数字音频（DRA）、数字高清互动接口（DiiVA）等具有国际影响力的核心技术标准。射频识别（RFID）、卫星导航、传感器、中间件等物联网关键技术创新和产业化取得进展。

3. 信息化应用水平较高

通过"网络商都"建设，广州市电子商务应用水平快速提升，2010年全市重点企业网上采购和销售总额达5095.62亿元，居全国前三位。电子政府成为政府提供公共服务的重要渠道，590多个业务应用系统覆盖80%的政府管理和公共服务业务，社区信息化覆盖全市95%的街道，26.8万个视频监控摄像点全面覆盖广州市区道路及各类公共场所，网上政务公开、政务服务、政民互动、业务管理等方面的信息化水平居全国领先地位。广州市政府门户网站梳理规范并发布了5311项政府办事服务事项，其中有143项面向企业和市民的服务事项实现全流程网上办理，在2010年全国政府网站绩效评估中获全国省会和计划单列市组第一名。视频监控、射频识别（RFID）、新型传感器等物联网先进技术已在治安监管、环保监测、特种设备监控、交通调度、应急指挥、食品药品安全、物流运输、工业制造等领域形成一批应用示范项目。

4. 市民信息化普及程度较高

广州市移动电话普及率达264户/百人，城镇居民每百户家庭拥有电脑124台，家庭上网率为86%，互联网普及率为65%，达到亚洲先进城市水平。智能卡在政府公共服务、交通等领域得到广泛应用，"羊城通"发行量达 1600 万张，是国内规模最大的交通卡应用系统和最成功的小额支付公交一卡通系统之一，社保（市民）卡发行人数近 143 万人，年满 60 周岁户籍老年人持卡覆盖率近 9 成。市民网购渗透率达 35.2%，高于全国平均水平 9.2 个百分点，年网络购物消费额约 65 亿元，居全国城市前五位。

5."科技亚运"展现最先进信息技术的创新应用

广州亚运会集中展现了全球首台 AVS 立体视频编码器、全球首台 AVS 立体视频机顶盒、全球首套立体图文制作系统、全球首套 AVS 立体电视直播系统 4 个"世界第一"。依托自主知识产权的第 4 代（4G）移动通信技术试验网，在全球首次展示大型综合体育赛事 3D 试播、3D 高清电视直播、流动媒体采访、无线多媒体汽车等。独特设计的 4 个风帆状大型 LED 显示屏宽度 30 米，安装高度达 86 米，可分段折叠升降，为国内外首创。推广使用 LED 灯具 20 万盏以上。建设亚运赛时和活动组织的数字化、网络化和智能化信息系统，高技术、高精准、实景三维的立体安保系统，便捷、可视、智能的交通调度指挥和信息服务系统，世界领先的数字集群指挥调度系统，应用射频识别（RFID）技术的食品安全系统、门票和进出入识别系统、计时记分系统，为"两个亚运同样精彩"提供了核心保障。

二、已采取的主要措施

1. 加强统筹规划

为贯彻落实《珠江三角洲地区改革发展规划纲要（2008~2020 年)》和《广州市国民经济和社会发展第十二个五年规划纲要》，全面实施"智慧广州"战略，根据市委、市政府有关领导批示要求，广州出台了《关于实施"智慧广州"战略　建设国家中心城市的意见（征求意见稿)》(以下简称《意见》)。规划部署"天云计划"，摸清建设基础，征集建设需求，厘清建设思路，规划建设内容。

2. 加大资金支持力度

通过广州市科技经费、电子商务专项资金、现代服务业专项资金、电子政务经费以及核高基经费、省现代信息服务业资金配套等予以支持，鼓励交通、药监、质监、卫生、档案等部门以及商贸、旅游、物流、港口等企业应用物联网等新一代信息技术提升管理服务水平。

3. 建设试点示范项目

一是组织"科技亚运"专项，将最先进的信息技术综合应用于2010 年亚运会的交通运输、安全反恐、食品安全、组织管理等各项工作中，为全面建设智慧城市积累宝贵经验。二是推进"天河智慧城"、"南沙智慧岛"、"黄埔智慧港"三大试点示范区域的规划建设工作，为智慧城市各项建设工程的具体实施提供支撑平台。三是组织一批物联网应用示范项目，从港口物流、车辆管理、食品溯源、智能卡、地质监测等领域入手开展智慧城市试点建设，探索技术研发—产业化—应用推广的全链条发展模式。

4. 促进交流合作

建立院市合作、校市合作、省市合作、企业合作与区域合作等多层次合作机制，已经分别与中科院、清华、北大、北航以及中国香港和马来西亚的有关单位建立了良好关系，协调组织质监等有关行业主管部门与企业和职业院校展开合作，把握先进理念，引进技术人才，促进联合共建，开拓应用市场，实现资源共享，积极探索智慧城市建设的推进机制。

5. 开展宣传推广

通过承办工信部信息化推进司主办的部分省市物联网高层论坛，筹建物联网成果展示厅，举办城市管理与现代物流领域无线射频识别（RFID）技术应用论坛，组织网络经济院士讲座，召开智慧城市建设研讨会，在主流媒体开展"信息广州"、"科技亚运"、"智慧广东"、"网络商都"的宣传等多种形式，营造良好氛围，鼓励市区两级部门、企业和市民共同参与智慧城市建设。

三、下一步工作思路

1. 总体思路

以加快城市发展模式转型升级、建设幸福广州为主题，以加快经济发展方式转变和提升国家中心城市功能为主线，按照以人为本、需求主导、创新驱动、促进转型的发展原则，坚持政府引导与市场化运作相结合，应用创新与产业化、统筹规划与示范带动相结合，全面实施"智慧广州"战略，明确建设目标，制定建设规划，突出建设重点，创新政策措施，加大政策扶持力度，强化科技创新成果的应用与产业化，形成政府引导、多方合作、稳步推进的良好局面，率先开辟智慧城市发展新路，促进经济社会和城市运行智能化，全面提升城市核心竞争力、文化软实力和国际影响力，推动现代化国际大都市建设迈向新阶段。

"十二五"期间，广州将以全面建设国家中心城市为目标，重点在"三个重大突破"和"五个全面推进"上下工夫：战略性基础设施、战略性主导产业、战略性发展平台要有重大突破，全面推进国际商贸中心、世界文化名城、国家创新型城市、综合性门户城市、全省宜居城乡"首善之区"建设。围绕这一中心任务，"智慧广州"将重点建设新设施、新应用、新产业、新技术、新环境"五个新"，推动经济社会、城市管理和生活服务等信息化向智能化转型。力争至 2015 年，培养一批支撑智慧城市发展的高素质人才，突破和掌握相关核心技术，催生相关新产品，培育出有较强国际竞争力的创新型、知识型领先企业，建成新一代互联网络国际枢纽、城市运行感知设施和智能处理系统，实现城市管理、行政运作、公共服务、经济发展和生活环境等领域的智慧化，基本形成"智慧广州"架构，展示"幸福广州"新风范。

2. 近期重点工作

一是出台政策文件。抓紧出台《关于实施智慧广州战略，加快建设国家中心城市的意见》，部署"智慧广州"建设重点，明确"智慧广州"建设机制。二是成立领导小组。推进成立"智慧广州"建设领导小组，由市领导担任组长，各有关部门共同参与，确保"智慧广州"各项工程的协调推进力度。三是实施"五个一"工程。推进建设一区（天河智慧城区）、一卡（社会保障市民卡）、一页（市民个人主页）、一库（城市海量信息资源数据库）、一平台（网络平台）"五个一"工程，重点做好"天云计划"规划部署工作。四是加大资金投入。争取在国家创新型城市建设专项资金、2011 年市科技经费中设立智慧城市建设专项，并通过做实、做好市创业投资引导基金，加大对建设"五个新"的资金支持力度。五是组织举办智慧城市建设国际高峰论坛，邀请国内外顶尖专家，凝聚智慧力量，共谋科学发展。

四、典型应用

1. 智能交通系统

目前，广州市智能交通的应用广度和深度位居全国前列。一是构建了涵盖公交车辆智能监控调度、出租车辆智能管理服务、危险货运和散体物料运输车辆监管、重点营运车辆安全监管的交通行业智能监管体系，实现全市7000多台公交车、1.8万台出租车、1700辆客运车、近4000辆危险货物运输车、1200多辆散体物料车、6500多台重点车辆与相应的监控中心和后台系统的有效连接和动态感知，实现对车辆的实时监控和对运力资源的合理配置，为政府部门联合管理和综合执法提供了有效手段。二是通过线圈、微波、电子车牌、GPS等，自动采集车辆和交通流量信息，为交通信息发布、交通诱导、交通拥堵自动报警等便民交通信息服务和政府交通管理科学决策提供重要的数据支持。移动"行讯通"为市民提供路况查询、动态导航、路径规划、监控调度等服务，方便市民出行，目前全市已有3万用户，业务量达11万人次。三是建设了城市运行智能分析与评价平台、交通仿真实验室，一方面通过对车辆和道路实时情况的掌握，"主动"分析城市交通问题并支持交通组织管理决策；另一方面则是在事前对比如BRT等交通组织方案所可能产生的效果进行仿真分析、预测和评估，及时调整和优化方案，有效保障交通管理科学决策，进一步朝智能化方向迈进。比如，利用交通仿真软件搭建天河路、体育东、天河北、天河东路口的仿真模型，通过仿真的效果对比，为天河区"禁左"缓解交通拥堵提供了决策依据。利用软件搭建广州市36条主干道路、18处重要设施的仿真环境，为城市道路车行道占道施工管理实施提供依据。

亚运期间，广州市交通委员会联合广州市交警支队、广州市地铁总公司、中国航空中南空管局、广州白云机场、中国铁路集团等单位组织建设广州亚运综合交通信息共享平台，该平台分为城市路况、公共交通、对外交通、静态交通、综合视频、气象环保以及亚运专题等7大板块，涉及铁路、航空、城市轨道交通和公共交通等各种运输方式，引导广州市民在亚运期间的交通出行，提升亚运期间广州路网通行能力，有效缓解交通拥堵，为市民提供贴心的出行服务。在亚运车辆调度信息系统的调度下，亚运专用车将客人送到某个场馆或相应地点后，不用空车返回，还可以继续载客，前往下一个目的地，所以每次行驶都有一定的载客量，避免了空客率，更方便、更节能。广州亚运交通网（gzyy.jt.com）提供的"出租车空车量查询"服务则可以动态地告诉市民，在他所处位置方圆一公里以内，有多少辆空车，其行车方向、所处位置、行驶速度，等等。亚运场馆附近所有停车场的信息，比如总的车位数、车位占有率、还有多少剩余车位等，也都可通过网络、手机、电视台等方式随时掌握。亚运后，各项交通便民服务的功能会更完善，而且向公众发布信息的渠道会更多。

2. 亚运会主运行中心（MOC）

广州亚运会为 45 个国家和地区约 1.2 万名运动员、4600 多名技术官员和裁判员、1 万多名记者和媒体人员、66 万名赛会志愿者提供了周到细致的服务，很大程度要归功于运动会信息系统全面智能化、信息化的管理服务。在亚组委信息技术部，大家都形象地称"主运行中心"（MOC）为亚运会信息系统的"大脑"。

亚运会管理服务工作涉及的政府部门和服务机构众多，管理服务事项纷繁复杂。主运行中心（MOC）是为亚运会、亚残运会的赛会运行、竞赛组织建立的指挥调度中心，通过建立现代化、电子化和可视化的远程监控和应急指挥平台，实时监控竞赛现场和场馆关键部位的视频图像，随时接收来自机场、交通、气象等部门服务亚运的信息，按照等级处理来自场馆运行的各类事件报告，协调解决场馆层面解决不了的一、二级事件。对于需要城市运行各专业部门处理的突发公共事件，MOC作为赛会运行报告信息的统一出口，实现与城市专业应急机构的应急联动响应，实现与省"三会"指挥机构的通信指挥联动。在MOC的大屏幕上，竞赛日程、比赛结果、场馆实况、场馆预报、卫星云图、抵离信息、颁奖仪式、场馆视频和3C、亚运车道、场馆竞赛工作时刻表、运动员和技术官员信息……全部可以一目了然。

比如，A场馆突然出现故障，场馆工作人员就可以马上通过电话或场馆信息系统将情况上报到MOC，MOC收到信息后将事件转到相应的坐席，即刻向场馆了解具体问题，随后将任务分派给"坐镇"在MOC里面的业务协调人员，协调安排具体工作人员马上赴场馆解决问题，在问题得到解决之后，相应情况也必须马上反馈到MOC，形成一个快速反应、快速联动、快速传达、快速解决的闭环管理过程。如果在处理问题过程中需要了解现场实际情况并与有关单位紧急会商，MOC还可以马上调用26000多路覆盖所有场馆的实时视频录像，并启动覆盖54个竞赛场馆会场、14个非竞赛场馆和"省三会办"各协调小组共82个会场的视频会议系统，即时召开视频会议，以精准的信息和高效的协作，确保亚运赛事顺利进行。

3. 社会治安视频监控系统

广州市将社会治安视频监控系统建设作为"平安广州"重点工程，采取积极措施，取得了显著成效。截至2010年10月，累计新建整合监控摄像点达26.8万个，全面覆盖广州市区道路及各类公共场所，在建设数量、联网规模、管理规范、智能技术应用、综合成效等方面均在全国前列。

广州市积极创新建设模式：一是实行财政投入与社会自建相结合。累计投入各级财政资金达15亿元，建成67个项目，共4.3万多个摄像头，确保各类公共场所和重点区域覆盖。落实平安社区建设责任制，积极推进视频监控进村、进社区，发动社会单位自建视频监控系统8600多个、摄像头22万个，全市社区、镇村视频监控覆盖率达70%以上。二是分布建设与全市联网同步推进，实现资源共享。2009年6月建成开通城市视频专网，2010年8月统一部署广州市社会治安视频监控管理和综合应用平台，连通市、区、街三级应用单位400多个，联网摄像头达3.6万个，实现全市视频资源互联互通、综合管理、联动应用。三是"平战结合"，确保亚运平安。2009年以来，广州新建18个城市出口治安视频系统，新建亚运75个场馆视频监控点1.2万个，新建亚运场馆周边重点区域视频监控点2236个，为亚运安保力作贡献。

广州市坚持"三分建、七分管、重在用"的工作原则，组建培训监看员队伍18000人，加强系统管理应用。2010年1~10月，全市利用视频监控系统协助破获刑事案件2812宗，破获治安案件1802宗，抓获嫌疑人5642名，利用视频监控系统处置群体性事件134宗。视频监控系统已日益成为广州社会治安和城市管理的重要手段，在亚运安保、春运指挥等各项重大事件中发挥了特殊重要作用，得到中央、省、市各级领导的高度肯定。

4. 国家移动电子商务试点示范工程

自2008年获批成为国家移动电子商务试点示范城市以来，广州市加快推进移动电子商务试点示范工程建设，移动电子商务示范应用、平台建设、产业链构建等方面进展喜人，呈现高速发展态势。2010年全市移动电子商务交易额约30亿元，手机支付活跃客户数约300万人，业务应用涉及20多个行业，本地企业优视动景（UCWEB）和久邦数码（3G门户）分别在手机浏览器和手机门户网站方面居全国领先位置。

便民应用不断深入。一是面向市民的手机支付业务快速增长。广东移动商城网站目前可提供实体和虚拟商品等 9 大类共 1 万多种商品的销售，2010 年累计活跃用户 3000 万，Web 访问量 800 万，Wap 访问量 30 万，最高月销售额突破 300 万元，累计销售额超过 4000 万元；手机通惠券业务为用户提供美食、购物、娱乐、旅游的商家查询、评价、预定、优惠折扣、推荐等服务，覆盖市内上百户商家；手机银行、手机证券、手机彩票业务量持续增长，2010 年手机购彩销售额达 4000 万元，与 2009 年同期相比增长 20%。手机电影票涵盖市内 12 大电影院，累计销售 10 万张，销售额达 450 万。二是手机一卡通服务进入商用。聚焦消费、公交、认证、社区、校园、企业 6 个方向重点发展。广东移动与广州亚组委联合推出亚运历史上首创的亚运手机门票，充分体现"科技亚运"理念。广州移动联合大学城一卡通公司，共同打造"移动 e 卡通"，目前大学城 10 所高校、广州航海专科学校、广东技师学院已完成了"手机校园一卡通"的业务合作，2010 年发卡超过 1 万张，"移动 e 卡通"方便快捷的消费方式已被学生逐渐接受。广州移动联合富力地产共同打造"手机社区一卡通"，刷卡率超过了 IC 卡。三是行业惠民应用快速拓展。银旅通电子门票服务平台创新旅游业电子商务发展模式，采用手机二维码、手机钱包等先进技术和载体，实现旅游景区门票、客房、餐饮、自驾车套票、直通车套票等传统旅游产品标准化、门票电子化，实现网络化销售、电子化配送和自动化结算，目前已连接广东省 200 多家知名旅游景区以及 300 家度假酒店。教育行业信息化深度渗透，掌上教务、掌上图书馆等信息化应用覆盖中小学学校 1296 所，高校（含职高）268 所，学校覆盖率达 81.4%，家校互动用户数 57 万，实现整体收入 3.3 亿元。

M2M 技术应用提速。以提升政府城市运行监测和管理能力为重点，大力推进 M2M 技术和应用发展。广州移动设计开发了 M2M 行业终端管理平台，平台规划终端监控、业务管理和产业运营三阶段提升集团服务能力，满足大批中小型企业对终端统一管理平台的需求。M2M 在环保监测、电梯监控、智能交通调度及政府应急指挥上都发挥了巨大的作用。在环保监测方面，已部署近 4000 个监控点。电梯监控方面，为保障亚运安全，已实现对 350 台电梯和 20 台锅炉的数据采集监控管理，对亚运会相关酒店、楼宇和生产场所进行安全监控。在政府应急指挥方面，在地震、气象、消防等各方面起到积极作用。数字消防指挥决策体系覆盖 119 消防车 230 台，巡检终端 40 台。三防预警通信系统可随时随地根据手机终端上主动获取的水情、雨情、气象云图等资料，帮助三防部门做出应急指挥决策，累计超过 200 台终端。气象预警系统共覆盖自动站 1050 台，企业应急气象预警显示屏覆盖广州重点企业 200 家。

产业链快速发展。一是龙头企业带动效应凸显。基地位于广州的中国移动应用商场吸引了国内外数百名知名尖端手机软件 CP，致力打造手机终端软件市场百亿级产业链。目前，移动应用商场支持的手机终端已由最开始的 20 款增加到了近 1000 款，应用也由原来的 1925 款增加至 5 万多个，无论是质还是量上都有了极大的提升，成为不少个人的又一创业乐园。二是民营企业迅速成长。广州已经成为全国领先的移动互联网发展中心和创新创业基地。广州动景计算机公司是第一家在手机浏览器领域拥有核心技术及完整知识产权的中国公司，其核心产品 UC 手机浏览器已经成为全球市场占有率最高的浏览器，全球累计下载超 2.9 亿次，月度活跃用户超过 4000 万，每月用户 PageView 超过 300 亿页，中国手机浏览器市场占有率超过 30%。广州久邦数码公司的 3G 门户是全球华人最大的无线平台，注册用户超过 1 亿人，每日用户 PageView 超过 7 亿次，GGLive、GGMusic、GGBook 等三款自主研发的手机终端软件的用户数量在国内同类产品中排在首位。

5. "五个一"工程

（1）加紧推进天河智慧城建设。一是与天河区政府联合召开"智慧广州"建设方案暨天河智慧城概念规划方案专家评审会，进一步明确了建设思路和工作重点。二是建立联合推进机制，多次召开会议研究加快推进示范城区建设工作。三是抓紧推进"智慧广州"示范基地建设。

（2）完成市民主页建设工作。首开全国先河，建成 200 万个市民主页，提供交通违章、社会保险、公积金、水费、电费、燃气费、移动话费、电信话费等 8 大类民生信息订阅服务、15 个政府部门共 39 种事项的办事进度和结果查询服务。市民可通过市政府门户网站"百姓热线"向 40 多个政府部门提出政策咨询和建议。

（3）加快社会保障（市民）卡推广应用。现已发放社会保障（市民）卡 152.6 万张，实现社会保障、民政、卫生、交通、公积金、图书借阅、公园门票等 8 项应用。今年计划在天河区、番禺区新增发行 300 万张社会保障卡，在社会管理、公共服务和社区服务等领域全面实现"一卡多用"。

（4）深化政府数据中心应用。政府数据中心现已汇集了全市自然人和法人单位的基础信息库，面向 45 个政府部门提供社会保障、综合治税、流动人员管理等 10 个领域应用。2011 年将在天河区率先建成区一级的海量信息资源库，2012 年启动建设全市统一的海量信息资源库，形成智慧城市建设的核心资源。

（5）启动云计算服务示范平台建设。一是抓紧制定完善《天云计划行动方案》。二是利用亚运会设备筹划电子政务云服务示范平台和电子政务云安全试点平台建设，目前已完成需求设计、建设方案征集，方案完善后将抓紧实施和应用示范。三是推动天河区建设面向中小软件和信息服务企业的云服务公共平台。

创建智慧城市 共享智慧未来
——宁波市信息化城市建设案例

宁波市围绕打造"现代化国际港口城市"，提出了创建智慧城市的发展战略。采用产业导向策略，突出用物联网等新技术带动一系列智慧产业发展，培育经济增长点，不断为宁波经济发展注入新的活力。总体上看，宁波智慧城市建设初步形成了自己的特色，包括大胆创新政策与机制、创新型的组织领导机构、强有力的智力支撑体系、进一步强化港口城市优势、重点发展智慧产业等。

2010年9月20日，宁波市委、市政府出台了《中共宁波市委宁波市人民政府关于建设智慧城市的决定》（简称《决定》），以智慧应用为导向，以智慧产业发展为基础，以市场需求和创新为动力，建设智慧城市。在宁波市，智慧城市建设工作已经全面开展，成为促进产业转型升级、提高政府管理水平的重要手段，也成为解决和改善社会民生问题的有效途径。通过智慧城市的建设，让宁波市市民对未来城市产生了美好的期待和憧憬。

一、为什么要创建智慧城市

创建智慧城市的时代背景包括四个方面：一是城市经济发展难题亟待破解。以靠土地、劳动力等传统生产要素驱动，粗放型的民营经济为主体的经济增长方式将难以为继。二是居民物质文化需求不断增加。随着经济社会的发展，人民群众物质上、心理上、精神上的需求也越来越高。三是资源环境压力日益加大。由于粗放发展方式迟迟未能改变，目前我国主要污染物排放量已大大超过环境承载能力。四是全球信息通信技术、知识经济、信息社会加速发展。三个需求，一个供给，这四个方面推动了智慧城市的发展。

宁波作出智慧城市建设的决定，具有天时、地利、人和三个方面的因素。

天时——2010年5月上海世博会"信息化与城市发展论坛"在宁波成功举办，为宁波留下了一笔巨大的精神财富。50余个国家和地区的800余位中外嘉宾汇聚宁波，共同探讨城市信息化发展走向——智慧城市，促进宁波创建智慧城市的理念初步形成。

地利——宁波具有加快推进智慧城市、率先向信息社会迈进的良好基础和独特优势。一是有雄厚的产业基础；二是有创业创新的文化特质；三是有较强的科教研发能力；四是有坚实的信息化基础；五是有相对规模的应用市场优势；六是有比较完备的法规保障。这6个方面的优势为宁波智慧城市建设提供了有力的保障。

人和——领导高度重视，政府各部门、社会各界共同关心和支持。

宁波 2010 年 9 月出台了《决定》后，在国内率先系统部署，开展智慧城市建设，并在《全市"十二五"时期国民经济和社会发展规划》中，把加快创建智慧城市建设作为一项主要任务，列入全市"六个加快"重大战略。政府各部门齐心协力，积极推进智慧城市建设。社会各界纷纷表示赞同和大力支持。

加快创建智慧城市，对宁波来说，既是时代发展的必然要求，又是城市发展的迫切需要。突出表现在：

1. 加快创建智慧城市，是促进产业转型升级的需要

加快创建智慧城市，先进制造业比重将进一步提高；宁波港口、物流、贸易、旅游等服务业发展水平将进一步提升，宁波整个经济结构趋于合理；随着技术和知识的深化应用，传统农业、工业和服务业改造升级的步伐将加快。

2. 加快创建智慧城市，是改进政府管理服务的需要

通过网上行政服务中心，政府能提供面向市民和企业的"一站式"服务，优化办事流程，提高政务效率；通过网络互动，市民可以将自己的真实意见和主张表达出来，有利于推进决策民主化进程；通过全面感知的智慧城市基础设施，能够有效提高城市管理和应急处置能力。

3. 加快创建智慧城市，是加强资源环境管理的需要

通过智慧技术的应用，城市资源将得到优化配置，合理利用；企业生产成本和资源消耗将显著减少；城市生产生活中的能源消耗和污染排放将以动态的、实时的、更加精准的方式得以监测和管理。

4. 加快创建智慧城市，是提升人民生活品质的需要

加快创建智慧城市，强化信息化手段在城市管理、健康医疗、文化服务、环境保护等方面的广泛应用，可以切实改善群众生产生活环境，进一步满足群众物质文化需求，有力提升群众生活品质。

二、总体思路和目标

宁波"十二五"时期创建智慧城市的总体思路是：全面落实省委"创业富民、创新强省"总战略和市委"六个加快"战略部署，把握物联网等新一轮信息技术发展的新机遇，坚持以智慧应用为导向，以智慧产业发展为基础，以改革创新为动力，加快推进智慧应用体系、智慧产业基地、智慧基础设施和居民信息应用能力建设，强化信息资源开发利用和整合共享，推动科学发展，促进社会和谐，把宁波现代化国际港口城市建设推向新阶段。

宁波"十二五"时期创建智慧城市的总体目标是：到 2015 年，宁波信息化水平继续保持全国领先，智慧城市智慧应用体系、智慧产业基地、智慧基础设施和居民信息应用能力建设取得明显成效。建成一批智慧城市示范工程，智慧城市应用商业模式创建和标准化建设走在全国前列，力争在优势领域形成对智慧城市建设的引领能力，为建成智慧城市奠定基础。

三、主要任务

"十二五"期间，宁波将从智慧应用体系、智慧产业基地、智慧基础设施和居民信息应用能力4个方面展开智慧城市建设，具体如下。

1. 大力推进智慧应用体系建设

重点建设智慧物流、智慧制造、智慧贸易、智慧能源应用、智慧公共服务、智慧社会管理、智慧交通、智慧健康保障、智慧安居服务和智慧文化服务10大应用体系。到"十二五"末，宁波智慧物流、智慧健康保障和智慧社会管理三大应用体系建设力争达到国内先进水平。在全国率先进入示范性智慧物流节点城市行列，全市80%以上的规模物流企业实现物流业务网络化，先进物流技术、设备在港口物流领域普遍应用，集装箱智能化应用达到100%。网上就诊预约、网上诊疗信息查询、网上医疗咨询、远程医疗等服务更加普及，医疗卫生机构诊疗信息共享基本实现。电子车牌上牌率100%。

2. 大力推进智慧产业基地建设

重点建设网络数据基地、软件研发推广产业基地、智慧装备和产品研发与制造基地、智慧服务业示范推广基地等智慧产业基地。5年后，信息化与工业化"两化"融合试点示范工程建设走在全国前列，企业自主创新能力明显增强，50%以上规模企业生产经营全面实现自动化、集成化、网络化、智能化和协同化。实现新一代信息技术产业销售收入超过1420亿元，年均增长17%，软件研发推广基地、智慧装备和产品研发制造基地等基地建设取得明显成效，建成一批智慧服务业、智慧农业示范推广园区。

3. 大力推进智慧基础设施建设

重点构建新一代信息网络基础设施，推进信息资源开发利用和整合共享，加强信息安全基础设施建设和推进城市基础设施感知化建设。未来 5 年，宁波先进的信息网络设施基本形成。互联网城域出口带宽达到 2000G 以上，互联网宽带接入率达到 95% 以上，无线宽带网络覆盖率达到 98% 以上，全市有线广电网络基本完成双向数字化改造。四大基础数据库，经济社会重点领域的信息资源综合数据库和专业数据库建设取得明显成效，建成市和各（市）区政务信息资源共享交换平台，城市能源、给排水、交通、环保、防灾等基础设施感知化建设取得进展。

4. 大力推进居民信息应用能力建设

重点推进智慧城市知识普及化、推进信息服务均等化和推进公共场所信息网络环境建设。5 年后，公众获取信息和科学技术知识的渠道进一步拓宽，对信息技术等科学技术的态度更加理性和科学，处理实际问题、参与公共事务和就业创业等方面的能力得到提高。宁波市具备基本科学素质的公民比例达到 10% 左右，处于浙江全省前列。

未来 5 年，宁波智慧城市建设共包括 30 项工程 87 个项目，总投资需求 407 亿元。其中，智慧应用体系建设共有 10 项工程 28 个项目，投资总额 75 亿元，重点项目包括智慧物流、两化"融合"、智能电网、社会保障综合信息系统、城市应急指挥平台、智慧交通和智慧健康保障等项目；智慧产业基地建设共有 6 项工程 18 个项目，投资总额 254 亿元，重点项目包括杭州湾新区网络数据基地、市（高新区）软件研发示范推广产业基地、杭州湾新区智慧装备和产品研发制造示范项目、宁波市肉类蔬菜流通智慧追溯体系和智慧农业等项目；智慧基础设施建设共有 4 项工程 17 个项目，投资总额 73 亿元，重点项目包括光纤到户、3G 网络建设、三网融合及信息基础设施共建共享试点、市人口数据库、容灾中心等项目；居民信息能力建设共有 3 项工程 5 个项目，投资总额 4 亿元，重点项目包括智慧城市科普、信息亭、WLAN 网络建设等项目。

四、主要举措

1. 加强领导，广泛宣传

宁波专门成立了智慧城市建设工作领导小组，负责智慧城市建设的指导协调工作，协调解决智慧城市建设中的重大问题，督促落实智慧城市建设的各项工作任务。领导小组办公室承担领导小组的日常工作，负责加强与各职能部门的联系和沟通，协调处理涉及智慧城市建设的有关事项。宁波也在探索推行在领导班子中配备首席信息官（CIO）制度，提高智慧城市建设的领导和执行能力。市委宣传部牵头每年制订智慧城市建设宣传计划，宁波日报、宁波电台和宁波电视台设立专栏，加强智慧城市的宣传。

2. 编制规划，顶层设计

宁波市委、市政府已经出台《决定》和作出"六个加快"战略决策。《宁波市加快创建智慧城市行动纲要（2011~2015）》也已经通过市政府常务会议、市委常委会的审议，即将以市委办公厅、市政府办公厅的名义印发。

3. 汇集智慧，共同谋划

为了加快智慧城市建设，宁波成立专家咨询委员会，由中国工程院常务副院长潘云鹤院士担任主任；宁波还专门成立了智慧城市规划标准发展研究院，为政府提供智慧城市建设决策支持；搭建了与国内外知名 IT 咨询服务机构合作的平台。同时，广泛征求市委、市人大、市政府、市政协、各县市区、企业、社会各界的意见，共同谋划推进智慧城市建设。

4. 政策扶持，社会投入

宁波已经明确每年用于智慧城市建设的财政资金不少于 10 亿元，其中市本级财政每年安排扶持资金不少于 5 亿元。宁波还筹建设立市信息投资公司，专业从事智慧城市的投资工作，争取带动更多的社会投入。

5. 建章立制，标准先行

宁波高度重视标准与相关法规的制定工作，已经出台的《宁波市信息化条例》、《宁波市政府信息资源共享管理办法》等法规，社区信息化标准体系，第四方物流标准体系等标准，为宁波智慧城市法制化、标准化奠定了基础。目前，正在加紧研究制定智慧城市评价指标体系，以更好地引导和促进智慧城市建设。宁波还将引进培育一批相关领域的法规与标准研究机构和研究团队，在电子商务、公共卫生、现代物流、电子口岸、金融电子化、交通道路管理、城市管理服务等领域率先进行前瞻性研究，适时开展立法和标准化工作。

6. 引才培才，双轮驱动

智慧城市建设离不开人才的支撑，人才是最关键的要素。"十二五"期间，宁波计划引进各类拔尖人才100人、海外高层次留学人才2500人、急需紧缺专门人才5000人以上，柔性引进外国专家（海外工程师）2000人（次）以上。培养高层次领导人才、高层次复合型实用人才和高技能人才4000名；培养企业家人才200名、信息产业紧缺人才5000名、现代服务业和国际化涉外人才2000名以上。宁波还将试行新提拔领导干部信息化知识资格考试制度，引导领导干部带头提高信息化知识水平。

7. 搭建平台，交流合作

目前宁波搭建起了两个交流合作平台。第一个平台是中国（宁波）智慧城市博览会。该博览会是由工信部、广电总局、中科院、工程院、三大电信运营商和宁波政府8个单位主办的，目的是宣传推介最新智慧研究成果、产品、成功应用案例，促进更宽领域的合作与交流。首届博览会计划2011年9月2日到4日在宁波举办。第二个平台是两岸产业合作无线城市试点项目，该项目是由工信部、国家发改委、国台办联合批准实施的，仅有宁波和成都两个城市列入试点。依托这一平台，可以充分借鉴台湾在无线城市建设领域的优势资源和成熟经验，更好地推动宁波智慧城市建设。双方进行了多次互访，达成很多共识，确定了一批先行合作项目，目前各项工作正在有序推进中。这两个平台，正吸引着更多的国际国内IT巨头共同参与到宁波智慧城市的建设中来。

8. 试点示范，务实推进

重点推进 6 项试点工作，包括智慧物流、智慧健康保障、智慧社会管理、杭州湾新区智慧装备与产品研发制造基地、宁波国家高新区软件研发推广产业基地和三网融合工程。

9. 检查考核，确保落实

基本形成了"有人决策、有人协调、有人落实、有人督查"的工作机制。工作考核办法已经制定完成，对市级主要负责部门、市直各有关单位及各县（市）区人民政府各有一套考核的办法。各部门按考核项逐条逐项进行检查、测评，打出自评分。市智慧城市办公室会同有关部门、专家组成考核评价工作组，以各地各部门全年的工作实绩为依据，通过抽查的方式进行综合考评。

五、应用案例

宁波智慧城市建设在全市的共同努力下，在智慧物流、智慧社会管理、智慧公共服务、智慧交通、智慧产业等方面都取得了一些进展和效果。以下是一些典型案例。

1. 第四方物流市场

第四方物流市场是以物流信息平台为主要功能载体，以实现物流交易为核心功能的市场体系，为市场内各物流供需微观主体（企业、中介、政府机构）提供方案设计、服务外包、交易撮合、支付结算、物流管理、跟踪监测、电子通关等综合性、一体化服务。第四方物流市场特色服务主要包括双重服务平台、海运通、陆运通、空运通、供应链管理平台、网上支付结算和 GPS 物流监控平台。第四方物流市场能提高物流服务效率，促进物流企业转型提升，扩大港口辐射范围，提高港口的服务水平。截至 2011 年 6 月，第四方物流市场已累计发展会员企业达 7230 余家，平台物流信息发布总量达 123 万条，日均新增 1000 余条。会员企业通过第四方物流市场形成的交易总量达 16 亿元，支付总额突破 5 亿元。

2. IBM 智慧物流中心

IBM 智慧物流中心已经在宁波国家高新区正式启用，这是 IBM 在中国大陆继北京、上海、西安之后的第四个研发基地，该基地将主要开发智慧物流软件，提升宁波现代物流业发展水平。中国的物流成本非常高。一件物品，30% 的成本花在物流上，而国际上物流成本只占 10%。智慧物流的开发和使用将有助于解决这个"瓶颈"问题。以 IBM 智慧物流中心为核心的宁波国际智慧物流软件与信息服务外包产业园已经开工建设了，这标志着以 IBM 技术为核心的宁波智慧物流产业进入了实质性的发展阶段。宁波国际智慧物流软件与信息服务外包产业园位于高新区中央商务区的园区，面积约 220 亩，总建筑面积 35 万平方米，总投资约 30 亿元。根据规划，园区将集聚包括 IBM 在内的各类软件企业 100 家以上，软件人才 5000 人以上，软件与服务外包业务年产值 5 亿美元以上，使宁波成为国内一流、国际知名的智慧物流信息服务产业基地。

3. 宁波社区警务 e 超市

按照"以房管人"的设计理念，依托网络技术和空间技术，以电子地图为载体，以房屋为基点搭建与现实城市完全一致的虚拟社区，人口、单位等各类信息与虚拟房间自动关联，实时更新，并实现"以房找人、以人找房"双向查询。同时，围绕"人"元素，实现对人相关房屋、地址、单位、电话、物品及有关记录信息的全面采集、高度共享，为政府管理、服务群众及公安机关打击犯罪提供强有力的基础信息支撑。目前，该项目已建成虚拟社区 75 个、虚拟房屋 6896 幢、虚拟房间 154997 间，导入人口数据 127 万余人、单位数据 35000 余家，房屋信息空置率从建设之初的 35%下降至目前的 3.39%。宁波社区警务 e 超市不但实现了人口的管理，还能提供帮助群众寻亲，救助危急群众，送老人回家等服务。

4. 智慧渔船安全救助信息系统

宁波是传统的海洋渔业大市。海洋捕捞历来是高风险行业，特别是近年来，作业渔场缩小，渔场和货轮主要航道密集交叉，导致大轮和渔船碰撞造成的重特大安全事故屡见不鲜。为此，宁波开展了智慧渔船安全救助信息系统建设。目前，救助信息系统主控软件已在市、县、乡镇（公司）各级 41 个监控中心投入试运行。智慧渔船安全救助信息系统以近海雷达监控、渔船自动识别避碰（AIS）系统和卫星信息系统三部分为主要内容，具备了渔船避碰、渔船定位、渔船通信、海域监控等多种功能。可以实时掌握海上渔船动态，预防和减少碰撞事故的发生；科学指挥渔船进行防台避灾；并能对渔船险情进行快速、有效的救助，减少渔民伤亡和财产损失。据统计，管理部门通过该信息系统累计发送气象和预警提醒信息 22.33 万余条，有效地保障了出海渔船的安全。2009 年以来渔船碰撞事故有了大幅度的减少，碰撞引起的等级事故次数由 2005~2008 年的年均 8.5 次，降低为 2009~2010 年的年均 1.5 次。

5. 宁波市危险化学品道路运输监管信息系统

该信息系统应用现代网络技术和 GPS、GIS 技术，能够对装危险化学品的车辆进行事前、事中和事后管理。事前，危险化学品充装站要核对车辆及驾驶员的情况，如不符合要求，车辆不予充装，加强了源头管理，减少了超载行为。在车辆行驶过程中，该系统能加强对车辆的动态监控，实现超速报警、应急救援等。在车辆完成运输后，该系统能通过车辆轨迹回放功能，监察车辆是否按照规定的路线行驶。系统运行以来，在全市危险化学品道路运输总量持续快速增加的情况下，全市危险化学品槽罐车道路运输事故明显下降，由原来的年均 18 起降至现在的年均 2 起。

6. 宁波"81890"求助服务中心

81890 是宁波市建立的一个市民求助信息服务平台，由政府提供公共运作成本，无偿为市民、企业提供全方位的需求信息服务，是宁波话"拨一拨就灵"的谐音。81890 的服务宗旨是"便民利民，有求必应"，服务理念是"以人为本"，服务目标是"让人民群众 100% 满意"，服务措施是"三个全"，即"全天候、全方位、全程式跟踪监督服务"，服务方式是采用电话、短信、网站等多种渠道为市民提供服务。自 2001 年 8 月 18 日开通以来，它与宁波市民生活的关系越来越密切，极大地方便了市民生活，现在已成为宁波市的市民求助中心。截至 2009 年年底，共为市民解决求助事项 321.94 万多件，办结率 100%，服务满意率达 99.87%，市民从 81890 网站获取服务信息量达 3703.59 万多人次。81890 的服务项目有 182 项，其服务范围已辐射到整个市区乃至更大区域。

7. 宁波市数据中心

宁波市政府各部门为了改变自成一体重复建设电子政务的局面，提高设施资源的利用率，减少电子政务的运维成本，建立了宁波市数据中心。宁波市数据中心的主要建设内容包括 IDC 机房、基于政务外网公众服务专网和资源共享专网、政务信息资源交换平台、电子邮件、短信等通用的应用平台。目前可提供 17 类服务。宁波市数据中心通过两期的建设，功能不断完善，具备了为政府部门提供可靠的运行环境和专业的服务的能力，成为政府部门信息化系统统一的软硬件基础平台、统一的应用支撑平台和提供服务的支持中心，展现了政府云计算中心的雏形。宁波市数据中心的建成有巨大的经济效益。在基础设施投资方面，若各部门自行建设共需 8700 余万元，而宁波数据中心只投资了 1395 万元，累计已节省投资 7300 余万元。在日常运维费用方面，宁波数据中心每年可节省约 1000 万元。

8. ETC 快速通道

为了缓解高速公路进出口拥堵现象，提高通车效率，宁波市从 2010 年 4 月开始推行高速公路不停车收费系统（简称 ETC 系统）。办理 ETC 时会在车辆前挡玻璃上粘一个电子标签，利用标签与装于收费站一侧的读卡器进行微波通信，基本上能以二三十码的速度直接经过，能节省很多时间和精力。宁波正在加快 ETC 系统建设，至 2011 年 7 月，宁波有 19 个收费站正式开通 ETC 通道，覆盖面为 70% 左右。到 2015 年，宁波所有收费站将有专用 ETC 通道。

大步迈进"智慧城市"

——南京市信息化城市建设案例

南京市在打造"智慧南京"的过程中，抓住关键环节，立足城市发展的特色优势，瞄准产业升级的战略重点，致力于满足群众对公共服务的迫切需求，确定了应优先实施的项目。"智慧南京"的特色与经验主要体现在：①"两卡一中心"（车辆智能卡、市民卡和政务数据中心）是"智慧南京"的微缩模型。②创新投融资模式。组建了南京市信息化投资控股有限公司，作为全市信息化建设和发展投融资平台的公司，在实践中创造性地提出了"引导投资、培育产业"的发展思路。③创新项目运作模式。车辆智能卡和市民卡是智慧南京民生领域的两大重点项目，采用了"政府引导、市场运作"的模式。④创新服务模式。在建设政务数据中心方面，提出了"资源在我，服务外包"的策略。

近年来，国内外许多大中城市纷纷提出了智慧城市战略。在此浪潮中，南京市委、市政府审时度势，顺应国家和省委、省政府的要求，综合南京深厚的历史人文智慧资源，紧抓现代创新发展的历史机遇，制定了"智慧南京"今后5年及更长时间的发展战略。

一、"智慧南京"建设的总体思路和目标

（一）总体思路

以邓小平理论和"三个代表"重要思想以及《2006~2020 年国家信息化发展战略》为指导，深入贯彻科学发展观，紧紧围绕"率先基本实现现代化"目标，充分发挥南京科教、产业和人才等创新资源优势，坚持以先进信息技术研发和推广应用为核心，以各行业信息资源融合利用为突破，将信息技术运用于经济发展、公共服务及社会生活等各个领域，依托新技术、新业态和新的服务方式，更准确快捷地配置资源，更大程度地降低能耗，促进南京市廉洁高效的政务环境、创新活跃的市场环境、和谐低碳的人居环境的建设发展，从而全面提升城市的综合竞争力，为把南京建成现代化国际性人文绿都奠定坚实基础。

（二）总体目标

推进电信网、广电网与互联网的融合，工业化与信息化融合以及物联网与互联网的融合，加快社会经济结构从以物质与能量为重心向以信息与知识为重心转变，使信息资源成为重要的生产要素，智慧产业成为经济增长的重要引擎，电子政府成为公共管理和服务的主流模式，网络化工作生活方式广泛普及，城市信息化与农村信息化协调发

展，形成适应信息化发展的社会经济组织体系，全面提高资源利用效率、城市管理水平和市民生活质量。力争通过 5 年的努力，信息化水平进入全国领先行列，以快速、泛在、融合、安全的信息化基础设施为支撑，实现政务、商务、服务各领域的智慧应用，形成一批上规模的智慧产业基地，逐步走出具有南京特色的智慧城市发展之路。

（三）"十二五"期间"智慧南京"建设目标

围绕以上总体思路和目标，南京制定了"十二五"期间的阶段目标：

1. 信息基础设施

基本形成先进的信息基础设施，无线宽带城市和三网融合建设水平走在全国前列，互联网城域出口带宽达到 1000G 以上，互联网宽带接入率达到 95% 以上，无线宽带网络覆盖率达到 98% 以上，全市有线电视双向数字化率达到 100%。

2. 产业发展

使信息化成为产业发展的重要支撑，加速两化融合，全面显现经济增长方式的转变。软件业、信息服务业和物联网产业得到进一步发展，自主创新能力明显提高。力争在"十二五"中期，实现软件产业规模"进四争三"的目标，使南京软件研发和产业化程度达到国际先进水平。到 2015 年，软件业务总收入达到 4000 亿元，实现 5 年翻两番，电子信息产业销售收入达到 4500 亿元。

3. 电子政务

建成跨部门、信息资源共享的智慧政务体系，信息化全面支撑政府行政管理工作，成为全国电子政务领先城市。政务公开信息网上发布率达到100%，政府部门普遍实现网上办公，90%以上的行政许可、行政处罚事项可通过网络办理。网上申报纳税额占纳税总额的70%。城市管理100%实现网格化。推进政务数据中心和综合政务平台等一批电子政务重点项目，完善城市管理、城市安全和应急指挥等信息化工程，使政府运行、服务和管理更加高效和智慧。

4. 电子商务

开展电子商务应用的企业超过50%，培育50家进入全国百强的电子商务行业网站；大中型企业全面实现企业资源管理、网络营销及综合集成应用，培育50家电子商务应用率达到60%以上的大型流通企业；农业电子商务交易量占农业总收入的60%以上；初步建成国际贸易信息化支撑环境，口岸平均通关时间为6小时以下，货物平均库存时间降低50%。

5. 电子服务

建成延伸到基层的智慧公共服务体系，使市民与政府沟通全面畅通。建立智慧社区示范区，构建统一的社区信息平台，通过各种信息化手段丰富和改善了社区居民的生活。出行、医疗、教育、文化和社会保障等领域的智慧应用体系建设取得显著成效，提高家庭信息化水平，75%以上的市民能通过网络享受工作、生活、学习等服务。市民生活品质得到明显提升，城乡居民的幸福指数普遍提高。

二、"智慧南京"建设的主要任务和建设内容

根据"智慧南京"的总体规划，主要任务可概括为"一大平台、三大领域、六大体系"，即以数据中心云计算服务平台建设为核心，以满足政务、商务、事务三大领域应用需求为导向，推进信息基础设施体系、智慧应用体系、智慧产业体系、信息资源管理体系、技术支撑体系和政策保障体系建设。

"十二五"期间建设内容包括：

（一）夯实"智慧南京"基础设施

按适度超前的目标，建设宽带、泛在、融合、安全的信息化基础设施，以"第四代无线通信（LTE）"、"下一代互联网（IPV6）"、"新一代广播电视网"建设及物联网、云计算等关键技术研发创新为核心，大力推进"三网融合"工作，大力扩容互联网出口带宽，巩固南京全国通信枢纽地位。

（二）推进"智慧南京"应用

1. 电子政务应用

"十二五"期间，围绕"信息强政"这一主线，以提高管理效率和服务民生为导向，引入云计算、云服务等先进技术及理念，强化资源

整合、信息共享和业务协同，不断促进政府行政的现代化、民主化、公开化、效率化，推进政府组织结构和工作流程的优化重组。

2. 电子商务应用

着力营造电子商务发展的良好环境，注重培育新的商业模式，大力推动电子商务应用体系建设，使其成为经济转型发展的新亮点。

3. 电子服务应用

紧扣"以人为本"这条主线，以先进信息技术为手段，创新服务模式，拓宽服务渠道，完善服务体系，提高服务质量，实现公共服务均衡、优质、高效发展。

4. 重点工程

"十二五"期间将围绕南京市发展的特色优势、产业升级的战略重点和群众对公共服务的迫切要求，着力推进重点领域智慧应用体系建设，以重点工程带动智慧城市建设整体推进。具体包括"政务数据中心"、"市民卡"、"车辆智能卡"、"智慧医疗"、"智能交通"、"数字管网"、"应急指挥"、"食品安全追溯系统"、"智能环保"、"电子口岸"、"智慧旅游"、"智慧社区"。

（三）促进智慧产业发展

充分利用南京市"国家创新型城市"、"信息化和工业化融合试验区"等政策优势，进一步推进"两化"融合，采用先进信息技术改造提升传统产业，促进以智慧产业为代表的新兴产业蓬勃发展，使南京市经济发展适应能力和抗风险能力显著提高。重点打造7大智慧产业基地：麒麟科技创新园、软件谷、无线谷、液晶谷、射频谷、智能电网基地、智能物流基地。

（四）着力打造"智慧青奥"

第二届夏季青年奥林匹克运动会将于 2014 年在南京举办。对于南京来说，办好青奥会，既是实现对国际社会承诺的必然要求，又是提高城市智慧化、国际化水平的重大机遇。"智慧青奥"将从现实需求出发，加快推进科技创新，推动高科技成果和先进信息技术在青奥会中的应用，使青奥会成为展示"智慧南京"建设的窗口，同时，在青少年中普及"智慧青奥"的理念，实现"智慧奥运从南京开始"，为奥林匹克运动留下一份宝贵遗产。

三、"智慧南京"建设的推进措施和保障体系

"智慧南京"建设是一项巨大的系统工程，为了切实有效地推进"智慧南京"建设，保障资源配置到位，"智慧南京"设计了完整有效的配套推进保障机制体系。

1. 组织领导机制

由南京市委、市政府主要领导挂帅、各相关部门主要负责领导参加的信息领导小组总体协调，负责确定智慧城市建设发展战略、规划和政策，统筹协调发展中的重大问题，形成统一、高效、畅通的协调推进机制。各县市区和重点企业，特别是智慧产业基地、智慧应用具

体项目的有关责任单位也要成立相应的工作推进小组，明确分工，确定责任。

充实强化市信息化领导小组办公室，充实编制、经费和领导力量，具体负责智慧城市建设的项目推进。制定智慧城市建设总体规划和年度实施方案，通过扶持和实施一批重点项目，推动智慧城市重点工程项目的建设。研究建立智慧城市建设评估考核体系，定期对智慧城市建设按责任分解要求进行评估，发布评估信息和白皮书，为决策和指导智慧城市建设提供科学依据；加大智慧城市建设考核力度，检查和督促智慧城市建设规划、方案和年度计划的落实情况。

2. 政策支持机制

鼓励引导社会资金对智慧南京重点工程项目的投资，加大支持力度，制定优惠政策，鼓励企业参与建设，鼓励国内高科技龙头企业落户南京，争取市财政每年安排地方财政一般预算收入的 0.1%~0.3%为专项资金，用于若干重点工程推广示范、相关标准建立和政府购买服务，重点企业培育、人才引进和培养等。

加快市场化道路建设，把政府引导和市场化道路紧密结合起来。要有限提供资源，有偿开放资源，扩大资金投入来源，充分调动社会各界的积极性，鼓励社会企业和个人参与智慧城市建设，采取政府导向投入和市场机制运行方式筹措建设资金。

进一步发挥南京市信息化投资有限公司的平台作用，可以使用增资扩股方法引进企业合作。议价进来，再增资扩股，有效引导社会资金，创新商业模式，把公司做大、做强，争取早日上市。

3. 决策咨询机制

南京市政府有关部门会同本地有关高校、科研院所以及国内外企业联合组建专门的智慧城市研究机构，对智慧城市内涵、实质、愿景和建设等各方面进行理论研究和探索，以便为智慧城市的建设提供更好的支撑和服务。

探索建立首席信息主管（CIO）制度，在各级政府、市直部门和企业推广 CIO 制度。成立包括信息化专家委员会、科研院所、行业协会相关人员的智慧城市建设专家咨询委员会，实现对智慧城市建设面临的重大问题的咨询指导，从宏观上把握智慧城市发展的方向，以更好地服务于经济和社会发展的大局。同时，可组建市智慧城市规划标准研究院，履行智慧城市发展战略与规划、标准与法规的研究和决策咨询等职责。

定期举办研讨会、论坛等，搭建国际交流合作平台，吸引更多国内外有实力的企业和咨询机构参与智慧城市建设。加强与国内外先进城市的交流，分享其在智慧城市建设方面的经验与成果。与国家有关部委、科研院所和电信及广电运营商等单位合作，以新技术、新产品、新成果、新范例、新模式为内容，举办"智慧城市技术与应用产品博览会"，展示国内外最新的研究成果、产品、成功应用的案例和经验，为国内外开发智慧系统的综合运营商、专业运营商开拓市场服务，着力推动一批重大项目落户，更好地汇集全球的智慧和资源，为"智慧南京"建设服务。

4. 标准法规机制

尽快出台《南京市政务信息资源共享管理办法》，鼓励政府部门公开内部可共享信息资源，明确信息资源提供方的信息公开职责，做到

"一数一源";明确共享交换信息资源采集、注册、存储、更新、注销管理办法,对共享数据资源实现动态管理,保证共享数据库中信息资源的鲜活性;明确信息资源使用各方查询、交换信息资源的管理流程,形成数据生产、数据加工与数据服务的清晰链条,从而最大限度地降低政府信息采集与交换工作的成本,使政府信息的生产最经济,分配最高效,使社会对政府信息的使用最容易和最方便,政府信息的效用得到最大的发挥。

根据信息资源目录体系国家标准,围绕信息资源采集、组织、分类、保存、发布与使用等信息生命周期各环节,加快建立符合南京市电子政务发展要求的信息资源规范和标准,包括信息资源分类标准、信息资源标识符编码规范、核心元数据编码规范、目录体系指南等,及时发布并指导各部门严格按标准规范进行信息资源采集、加工与交换活动。

5. 信息安全机制

网络与信息安全是"智慧南京"建设的基石。要进一步完善信息安全保障体系,认真落实信息安全管理责任制,以政务内网和关系全市经济发展、社会稳定和国家安全的重要信息系统为重点,全面推行信息安全等级保护和风险评估制度,加强网络安全防护体系建设,定期开展信息系统安全检查。进一步加强信息安全测评认证体系、网络信任体系、信息安全监控体系及容灾备份体系建设,建立网络和信息安全监控预警、应急响应联动机制。按照《国家网络与信息安全事件应急预案》的要求,建立重点信息系统的应急安全机制,组织应急预案编制和演练,提高信息安全事件应急处置能力,增强信息基础设施和重要信息系统的抗灾能力。加快完善密码管理基础设施和电子政务统一认证服务平台，全面推广电子证书在电子政务、电子商务等系统中应用。加强信息安全技术攻关，加快建设信息安全评测中心，扶持发展信息安全产业，建立应急专家咨询和救援队伍。

6. 人才保障机制

认真贯彻落实人才强市战略，落实各项人才政策，大胆创新人才成长、引进、使用和激励的政策环境，充分发挥物质和荣誉的双重激励作用，创建培养人才、吸引人才、用好人才、留住人才的良好环境。大力培养、引进和高水平使用复合型高层次信息专业技术人才、高技能人才和网络设施与商业应用经营管理人才。加快高等教育和职业技术教育改革和发展，推动专业和学科调整，着力培养智慧城市建设人才。充分利用各种信息传播平台和各类教育培训机构，开展信息产业从业人员多渠道、多形式、分层次、分类型的再培训、再教育。促进校企联合，依托高校院所、园区、企业和社会办学机构，联合建立各类智慧人才教育培训基地，加强企业与大专院校适用人才的联合培养，提供教育、培训和执业资格考试等服务。进一步强化海外人才的引进工作，促进国际间的人才交流与合作，为南京市智慧城市建设提供坚实的智力支持和人才保障。

营造智慧人文环境，努力提高全民信息化意识和能力，缩小城乡之间、不同社会群体之间的"数字鸿沟"，创造机会均等、协调发展的社会环境。加强对信息化弱势群体的教育和培训，增加其接触信息技术的机会，增强其获取和使用信息的技能。探索建设农民工信息服务系统，围绕农民工技能培训、就业服务和权益维护等突出问题提供信息援助。逐步在社区和农村建立免费的信息服务站等公共设施，提供电子政务、教育培训、医疗保健等方面的信息服务。同时，充分利用电视、广播、报刊、网络等各种渠道和媒体，广泛宣传"智慧南京"建设的重要意义和作用，鼓励各单位开展信息技术教育和培训，普及计算机、网络应用和信息化知识，形成信息化氛围，增强居民信息意识和信息素质，提高全民信息技术应用技能和获取信息服务的能力，夯实智慧城市的人文基础。

7. 评估考核机制

研究建立智慧城市建设评估考核体系，定期对智慧城市建设按责任分解要求进行评估，发布评估信息和白皮书，为决策和指导智慧城市建设提供科学依据；加大智慧城市建设考核力度，检查和督导智慧城市建设规划、方案和年度计划的落实情况。

四、信息化城市战略的实际进展及效果

全面建成智慧城市是个长期的过程，不可能一蹴而就，因此按照建设的系统性、科学性和可操作性原则，围绕城市发展的特色优势、产业升级的战略重点和群众对公共服务的迫切要求，南京市确定了"智慧南京"战略的初期目标，即以政务数据中心、市民卡、车辆智能卡三大重点项目为突破口，先行先试，以带动智慧城市建设的整体推进。

通过努力，这三大重点项目已基本建成，并进入了运行阶段，初步实现了预期目标，取得了良好的社会反响。

（一）政务数据中心一期建设任务基本完成

政务数据中心是"智慧南京"电子政务的重要基础组成部分。政务数据中心建设，对于解决政府各职能部门业务系统各自独立、数据冗余、数据离散、数据不一致等问题，确保协同办公、信息共享起着十分重要的作用。

南京市政务数据中心建设的总体目标是打造集"技术服务、资源服务、管理服务"三位一体的电子政务和管理模式，建立完善的运行管理体系、安全保障体系和标准规范体系，从而加强资源共享，减少重复建设，营造共建共享、互联互通、综合应用的电子政务建设环境。

目前，通过在硬件网络平台、信息资源管理、标准规范等方面的全面规划设计，政务数据中心一期建设任务基本完成，取得了较为显著的成效。

1. 高标准 IDC 机房投入运行

政务数据中心一期基础设施采用服务外包的模式，完成了政务内网数据中心（置于移动南京分公司徐庄机房）、政务外网数据中心（置于电信南京分公司河西国际数据中心）二处高标准数据中心机房的建设，并已投入实际运行，可提供标准服务器机柜 60 个（中心远期可扩展至 300 个机柜）。目前，已有 25 个部门采取不同的方式将信息系统迁入了政务数据中心，2011 年将实现 40 个部门信息系统的迁入。

由于部分核心应用和数据不宜放置在外包机房等因素，目前政务数据中心正在加快推进政府核心机房（市政府大院 29 号楼）的建设，该项目预计 2011 年内建成，届时可提供 150 个标准机柜的服务。

2. 云计算平台初步建成

政务数据中心通过虚拟化技术已为政务内网、外网分别建设了云平台，旨在为各部门及重点社会信息化建设项目提供虚拟化云计算、云存储的服务。预计 2011 年底可提供 400 台，远期 1000 台的云计算服务器能力。截至 2011 年 5 月底，实际运行虚拟云计算服务器 83 台。

同时，政务数据中心亦致力于为政务网个人用户提供桌面云的应用，以期降低软硬件系统采购使用的成本和提高系统的安全性和可管理性，计划 2011 年底投入试运行，提供 900 台左右的桌面云计算终端。远期可满足 5000 台左右计算终端的使用。

3. 政务网改造扩容基本完成

政务数据中心除机房建设外，亦考虑接入单位网络体系的优化，已完成了对原有政务网络的提速升级，使网络主干带宽达到万兆，接入点带宽达到千兆。目前，政务内网已有 199 家市级部门和单位接入，政务外网有 104 家市级部门和单位接入。

此外，按规划，政务内网将为"智慧医疗"信息平台提供网络支撑，完成 130 多家医疗卫生单位的网络联通。政务外网将为"智能交通"、"公安 320 工程"提供网络支撑，一期已完成"智能交通"62 个双基信息采集基站接入，还将新增交通信息采集接入点 518 个。

4. 政务信息资源共享平台应用初显成效

政务信息资源共享平台是政务数据中心的重要服务平台，近年来，政务资源共享平台已在企业法人单位信息共享、实有人口数据交换、市民卡发放与管理、权力阳光运行、行政监察监控、综合治税、低收入家庭信息比对等项目建设中发挥了重要作用。

通过该平台的企业法人基础数据库，工商、国税、地税、质监等部门，2010 年共交换数据 130 多万条。通过比对，市工商局发现了 1000 多例"无照经营"案源；市国税局清理了 1656 户税务登记与工商登记不符的信息；市地税局发现并查处各类偷税漏税行为，补征税额约 2.2 亿元。

通过该平台的实有人口数据库，市民卡公司在发卡时，可直接调用公安户籍系统的二代身份证照片和基础信息，简化了办理流程，提高了工作效率；市人普办在第六次人口普查工作中获取人口数据 900 多万条；市民政局在低收入居民家庭收入核对工作中发现了 600 余条可疑信息。

（二）市民卡加速普及

南京市市民卡是由市政府授权发给市民用于办理个人有关事务、享受公共服务、实现小额电子钱包交易支付，可以在全市及周边城市多领域应用的智能型集成电路卡。市民卡项目建设通过整合目前在用的金陵通卡、社会保障卡和银行卡等相关卡证，统一技术标准，统一管理机制，将政府公共管理、公用事业服务、社会保障服务及小额支付、身份识别、电子凭证、信息查询等功能集中于统一的市民卡系统内。

南京市市民卡于 2009 年 12 月 26 日正式发卡，目前，已基本完成了市区常住人口的全覆盖，初步实现了"便民、利民、惠民"的建设目标，取得了良好的社会反响。当前，南京市市民卡项目建设的主要任务是在继续扩大发卡人群的基础上，积极拓展市民卡应用领域和区域，加载更多的便民服务功能，进一步完善"多卡合一、一卡多用"

的功能。

1. 持卡人数高速增长

截至 2010 年底，南京市市民卡已发卡超过 330 万张，2011 年，市民卡公司继续加大发卡力度，全力确保新发卡 150 万~200 万张的年度目标，实现年底 500 万张的持卡目标。力争通过 2~3 年的努力，市民卡发卡超过 700 万张，使 18 岁以上居民持卡率达到 95%以上。

2. 流通区域不断扩大

在区域合作方面，南京市市民卡目前已和扬州、淮安实现互通，并与滁州、泰州等城市签署了区域互通合作协议，近期正在与芜湖、镇江和连云港洽谈互通事宜，今后还将争取与长三角周边城市实现对接。

3. 应用领域快速拓展

目前，除了基本的社会保障、公共交通及金融支付领域外，市民卡在医疗、文化、旅游、教育、交通等领域的应用也取得了实质性进展。在医疗领域，南京市妇幼保健院等 6 家医院已启动了市民卡与就诊卡功能整合的试点工作，并将在此基础上，开展市民卡与健康档案、电子病历的整合共建工作；在文化领域，金陵图书馆新馆已将市民卡作为借书卡使用；在旅游领域，市民卡已开通公园年卡功能，实现刷卡进园以及小额支付的应用；在教育领域，市教育局将推进市民卡实现门禁、考勤、就餐和学生医保功能一体化的校园一卡通项目建设；在交通领域，市发改委将加快推动市民卡与车辆智能卡系统的互联互通，实现通过市民卡缴纳交通规费。同时，市民卡在公用事业缴费以及书报亭、农贸市场等小额电子消费领域的应用也在快速发展。

4. 服务体系日臻完善

在相关政府部门及金融机构等单位的密切协同下，南京市已建立起市、区、街道和社区的 4 级办卡服务体系，并完成了市民卡服务大厅改造工作，可为市民提供从申领、发放、开通到挂失、注销、补卡等一系列服务。同时，开通了市民卡 12333 服务热线，并对相关业务人员进行培训，使广大市民可以享有咨询解答、投诉处理等"一站式"接听服务，并对市民卡网站进行改版，提供了较为丰富的服务内容。

（三）车辆智能卡成为物联网应用示范

车辆智能卡（车辆电子标签）项目是南京市智能交通系统建设的核心先导工程，也是物联网应用的重点示范项目。

主要建设内容有：一是采用 RFID 射频技术，为车辆安装电子标签，用于车辆身份识别。二是通过在主要道路和治安卡口设立动态信息采集点（电子围栏基站），采集车辆信息，构建全市道路交通动态实时监测体系。三是通过对采集信息的分析处理，提供智能导航、出行诱导、路况信息订阅等一系列交通便民服务。

目前，南京市车辆智能卡项目进展迅速，自 2011 年 4 月 1 日发卡起，截至 5 月底，已发卡 11 万张，预计年内发卡 70 万张，两年内实现市区车辆全覆盖。在基站建设方面，现已完成 62 个电子围栏基站的建设，年内计划完成 580 个，远期计划完成 1000~2000 个，届时将实现市区路口的全覆盖。

此外，南京市在车辆智能卡项目的建设规划中，已充分考虑到对现有资源、设备的整合使用。如，目前车辆卡已集成了环保标签的功能，未来还将考虑集成年检信息、保险信息等。在电子围栏基站的建设中，采用了射频、视频双基的模式，即在通过射频读卡器采集电子标签信息的同时，又可通过监控摄像机采集普通号牌图像信息，两种方式并举，不但可以提高准确率，而且可以应对未来不同的需求。

（四）智慧产业发展得到促进

智慧南京的"两卡一中心"建设，对 RFID、4G、软件等相关产业的发展起到了积极的促进作用。

1. RFID 产业

RFID 芯片按工作频率可分为低频（小于 30 MHz）和高频（大于400 MHz）两类，目前，低频 RFID 技术已得到了广泛的应用，但高频、超高频 RFID 技术在全球范围内仍处于攻坚阶段。车辆智能卡（900 MHz）使用即是南京三宝科技公司拥有自主知识产权的超高频 RFID 技术。三宝科技是国内 RFID 产业的龙头企业，也是国家级 RFID 技术的研发中心。目前，南京市已将 RFID 产业列为重点发展的战略新兴产业，随着车辆智能卡应用经验的积累，大规模物联网建设的帷幕即将拉开，RFID 产业将迎来快速增长期。

2. 4G 产业

物联网时代的来临，必将对网络基础设施尤其是无线网络提出更高的要求。南京市未雨绸缪，正在积极打造 4G 网络。目前，南京已成为工业和信息化部批准的"第四代移动通信（4G）技术规模试验网"6大城市（上海、南京、杭州、广州、深圳、厦门）之一。2011 年 9 月底南京基本完成规模试验网的建设与入网。在此基础上，南京下一步将逐步扩大网络覆盖面，加快 4G 技术商用化进程。预计在 2012 年底前实现商用，到 2015 年，将逐步建成满足城市需求的完整 4G 网络。4G 网络的率先建成，不仅能够对智慧城市形成有力支撑，还将强力助推相关通信产业的发展。

3. 软件产业

软件产业是南京的优势产业，但依然存在着大而不强、品牌优势不明显等问题。智慧南京蓬勃兴起的物联网建设、方兴未艾的市民卡应用、不断深化的电子政务应用以及高起点、高标准的政务数据中心建设，将为南京的软件产业带来新的发展机遇。同时也将成为南京软件企业在智慧城市领域练好内功、走向全国的契机。

四化融合　智慧佛山
——佛山市信息化城市建设案例

在建设信息化城市过程中，广东省佛山市提出了"四化融合，智慧佛山"新理念。结合 8 项"佛山特色"，提出16 字建设方针，即"超前引领、智造先行、高度融合、转型跨越"。加快信息一体化网络建设、实现应用和产业的良性互动、加快物联网产业发展、加快民生领域智能工程建设等，是佛山信息化城市建设的重要内容。"智慧佛山"建设的特色体现在：①政府顶层规划设计高屋建瓴。②产业强市，现代产业体系构建日臻完善。③统筹布局，基础环境智能化转型领先一步。④标本兼治，创新社会管理独树一帜。⑤和谐发展，智慧民生构建以人为本。⑥合作共赢，"走出去"战略持续深入。⑦共生共融，金融产业与实体经济齐头并进。

国际金融危机爆发后的几年是佛山重要的发展战略机遇期。佛山经济的持续快速增长为"智慧佛山"建设奠定了雄厚的物质和技术基础。"四化融合"快速发展将有助于进一步转变经济发展方式、构建现代产业体系、增强产业国际竞争力，为"珠三角"区域经济协同发展提供动力，构建佛山现代产业体系和抢占战略性新兴产业高地；并且将为两化融合提供新的内涵，加快工业体系的转型升级。

一、"智慧佛山"的背景

"四化融合，智慧佛山"是转型升级的客观需求。当前世界经济已经进入后国际金融危机时代，世界各国正在积极调整经济政策，经济结构将面临深度调整，科技创新孕育新的突破，物联网、云计算、低碳技术及其产业化已经成为世界各国关注的焦点。"长三角"地区率先转型，环渤海快速提升，中西部迅速崛起，佛山只有加快经济转型、产业升级和体制机制创新，抢占新兴产业发展战略高地，才能在新一轮的发展中立于不败之地。

"四化融合，智慧佛山"是区域发展的战略要求。佛山正处在人均生产总值超过1万美元、后工业化初期产业从低端向高端转型发展阶段，在工业化转型、城镇化加速、国际化提升的发展趋势背景下，结合"珠三角"一体化、广佛同城化和城乡一体化，结合民生社会事业的全面提升与和谐社会的加快构建，而作出的立足当前、面向未来的总体战略创新，是基于佛山的发展特色和产业优势对智慧城市内涵与路径的延伸和深化。

"四化融合，智慧佛山"是两化融合的深化发展。改革开放30年来，佛山形成了以制造业为主、以传统产业为主、以民营经济为主、以园区和镇街经济为主的鲜明产业发展特色，成为国家级信息化和工业化融合试验区、国家流通领域现代物流示范城市以及广东省信息化与工业化融合示范试验区。佛山深刻反思传统发展模式带来的弊端，着力创新发展模式，探索信息化与工业化、城镇化、国际化融合发展的新路径，力求实现产业、城镇、国际化提升。

二、"智慧佛山"建设思路与发展目标

佛山已进入工业化后期，要站在新的历史起点上，以更高的高度、现代的思维、世界的眼光审视和谋划佛山未来发展而提出具有时代特征、区域特点、佛山特色的可持续繁荣的城市发展路径与方向。

1. 建设思路

贯彻落实科学发展观，以信息化带动工业化，以信息化提升城镇化，以信息化加快国际化，构建佛山特色的现代产业体系，打造超前引领的高效政府，建设开放、包容的国际化城市和宜居、宜商、宜发展的美好家园。

2. 建设目标

3 年见成效。到 2012 年，培育若干个产值超千亿元的战略性新兴产业，其增加值占国民生产总值的比重不断增加。信息基础设施水平全面提升，"三网融合"取得实质性进展，物联网产业初具规模，射频识别（RFID）等技术得到广泛应用。电子政务和社会公共事业信息化程度不断提高，"四化融合，智慧佛山"建设示范工程基本建成，民众的网络化、数字化生活更加丰富，节能减排和循环经济成效显著，"智慧佛山"初见成效。

5 年大跨越。到 2015 年，现代产业体系基本形成，培育形成若干个接近或达到世界先进水平的战略性新兴产业集群，使其成为引领佛山经济发展的支柱产业。物联网产业形成规模。信息技术普遍应用，信息资源合理利用，覆盖整个经济社会领域的信息化体系较为完备。"三网融合"全面实现，网络化、数字化、智能化和移动化成为市民工作生活的主要方式。节能减排和低碳发展成为佛山经济社会发展的主要模式。"四化融合"成为提高城市综合竞争力，实现经济社会可持续发展的主导力量，"智慧佛山"建设实现跨越式发展。

三、"智慧佛山"建设的主要任务与建设内容

"四化融合，智慧佛山"是指以创新为主题，以市场为导向，通过信息化、工业化、城镇化、国际化的相互融合、互相促进、共同发展，把佛山打造成为现代产业发达、社会管理睿智、大众生活智能、环境优美和谐以及国际化程度较高的智慧城市。

1. 信息化带动工业化，提升产业综合竞争力

发挥信息技术经济增长"倍增器"、发展方式"转换器"、产业升级"助推器"的作用。通过信息化与工业化融合，以信息化带动工业化，以工业化促进信息化，发展与信息技术相关联的新兴产业，培育新的经济增长点，改造提升传统产业，走新型工业化道路，转变经济发展方式，提升产业综合竞争力。

首先，培育发展与信息技术相关联的新兴产业。把发展战略性新兴产业作为推动产业结构升级，构建现代产业体系的重要抓手。把握

现代产业发展新趋势，立足佛山市基础和优势，重点主攻光电产业（光电显示、光照明、光伏产业）、新材料产业（重点发展高性能金属结构材料产业、先进高分子材料和新型电子信息材料产业）、现代服务业3个新兴产业集群，重点培育新医药、环保、新能源汽车3个成长快的新兴产业，精心培育高端新型电子信息产业。

其次，充分利用信息化手段改造提升传统产业。以机械装备、家用电器、陶瓷建材、纺织服装、食品饮料、家具制造等传统产业为重点，推进工业研发、设计、生产、管理、流通等环节广泛应用信息技术，促进传统产业改造提升取得重大进展，促进企业向高端制造和服务制造转型；着力优先发展先进制造业，大力发展都市型农业。提高"三效"（效率、效益、效果），增强"三力"（竞争力、生产力、创造力），促进"三降"（降低成本、降低能耗、降低物耗），凸显"三省"（节省人力、节省物力、节省财力）。

2. 信息化提升城镇化，增强城市发展竞争力

首先，以"三网融合"为抓手，全面加强信息基础设施建设。加快"三网融合"，构建新一代高速信息网络；推进"U佛山"建设，构建无处不在的无线网络，为数字城市运营提供随时随地随需的服务；促进公共设施智能化，构建互联互通的传感网络，让城市变得可以感知、协同和创新，实现城市的智能管理和城市资源的优化；推动云计算中心建设，构建高速信息服务平台，满足日益增长的城市管理、地理信息、社区服务、产业推进、工业设计、软件开发等领域的需求。

其次，以信息技术为手段，全面提高公共事业智能化水平。以民生领域为突破，基于高速的新型网络和完善的智能化城市公共设施，创新性开展智能卫生、智能交通、智能教育、智能社会保障、智能文

化、智能环保、智能电网、智能社区、智慧驿站等各项应用，开创大众智能新生活；以资源整合和信息共享为重点，建设智慧型政府，发挥电子政务的龙头作用，促进国民经济和社会信息化建设，以"智慧政府"建设带动"智慧佛山"建设。

3. 信息化加快国际化，提升佛山国际竞争力

微观层面：以信息化促进企业成为国际化现代企业。以信息技术推动企业国际化管理，引导企业应用企业资源管理（ERP）、产品数据管理（PDM）、产品质量标准检验（6σ）、客户关系管理（CRM）等信息化手段来提升企业的管理水平，为企业"走出去"开展国际化经营创造条件；以信息技术提高自主品牌国际竞争力，引导企业通过运用先进的信息技术走夯实基础、创造品牌、注册专利、制定标准、品牌输出等发展道路，扩大佛山产品国内外市场份额，实现规模化、国际化发展；以信息技术推动国际贸易平台建设，鼓励上下游企业应用符合国内外相关标准的电子商务平台。重点支持21世纪丝绸之路、财运通、欧浦钢网等本地电子商务平台的发展壮大，开展面向中小企业以及不同行业、区域和消费者的电子商务服务，促进企业经营方式转变和商务模式创新。

宏观层面：以信息化拓宽企业走向国际化通道平台。加快电子口岸建设，创新跨境报关服务方式，大力推进跨境电子报关传输服务，加强海关、检验检疫、外经贸、外汇、税收等信息系统的互联互通，建设集电子政务、电子商务、电子物流三位一体的跨部门、跨行业、跨地区的"电子口岸"大通关信息平台，为进出口企业提供方便快捷的电子支付、物流配送、电子报关、电子报检等"一站式"通关服务，提升口岸竞争力；建立健全国际化经营信息服务体系，应用信息技术

分析产业、行业在国内外市场的状况，帮助企业制定发展策略、占领先机，实现国际化发展；深化内地与港澳更紧密经贸关系安排（CEPA）合作，支持和引导佛港数字认证机构在两地核准签发数字认证证书，积极推进佛澳电子政府信息化项目合作；推动两岸经济合作框架协议（ECFA）合作，依托佛山现有台资企业，进一步扩大对中国台湾的经贸合作，拓展合作领域。

四、"智慧佛山"推进措施与保障体系

信息化城市建设涉及多方利益博弈与调整，加强组织领导，实现统筹布局是重中之重；资金支持是信息化项目进行的关键；人才培养是高技术在城市深度应用的基础；翔实、可操作的规划是高举的"灯塔"；技术保障是信息化有效建设的"路基"。

1. 组织领导保障

加强组织领导，统筹协调发展。成立市"四化融合，智慧佛山"工作领导小组和相应的工作专责组。领导小组由市委书记任组长，成员包括市长、市政协主席、市人大常委会常务副主任、市委副书记、市纪委书记，主要负责对全市"四化融合，智慧佛山"推进工作中的重大问题进行研究和决策，协调各工作组的工作，解决工作过程中出现的重大问题。领导小组下设办公室，办公室设在市信息产业局，负责具体组织实施。有关部门要切实加强对纲要实施的组织领导，完善工作机制。

完善规划体系，制定配套政策。各区、各部门及各行业立足于本地区、本部门、本行业发展实际，按照规划纲要确定的目标和任务，从解决当前最紧迫、最突出的重大问题入手，编制落实规划纲要重点任务专项计划。市直各职能部门结合各自职能，加大实施规划纲要的力度，制定规划纲要实施方案和配套措施，明确工作任务，在政策实施、项目安排、资金保障、体制创新等方面抓好落实。

建立评估体系，实施目标考核。加强目标考核管理，构建科学有效的综合绩效评估体系。建立规划纲要实施目标分级责任制度，把规划纲要实施工作作为各级党政领导干部政绩考核的重要内容。纪检监察部门加强对规划纲要实施情况的跟踪检查，做好各项工作和政策措施贯彻落实的督察和问责工作。完善规划纲要实施社会监督机制，鼓励社会公众积极参与规划纲要的实施和监督。

2. 资金投入保障

落实财政政策，加大政府投入。各级政府加大资金投入力度，大力发展战略性新兴产业，改造提升传统优势产业，推动"智慧佛山"又好又快发展。加大对"智慧佛山"基础建设的支持力度，重点加大对电子政务、社会公共事业智能化建设等方面的支持力度。争取国家和广东省对佛山市试点示范项目的资金扶持，推进重大产业项目发展。

引入社会资本，拓宽融资渠道。建立与国际惯例和市场经济接轨、适合"智慧佛山"发展需要的投融资新机制，保证建设资金的投入。建立多元化的风险投资体系和高效的风险投资运行机制。积极引入国内外知名的风险投资公司来佛山发展，引导企业开发好前期项目，与风险资金进行无缝连接。发挥市场导向作用，鼓励民营资本进入，培育本土产业发展。

3. 人才智力保障

加大人才培养，保障人才供给。创新人才培养模式，依托高等院校和培训机构，建立教育与实践相结合、国内培养与国际交流合作相衔接的开放式培养体系。加强领军人才、核心技术研发人才培养和创新团队建设，加大对优秀青年科技人才的培养，注重复合型人才培养，大规模开展现代产业和重点领域专业人才培训，为"智慧佛山"建设提供重要的智力支撑。

吸引高端人才，提升人才质量。建立激励机制，加大人才引进力度。加快人才国际化步伐，促进自主创新和科技创业，重点引进一批走在信息技术发展前沿的高层次创新创业人才。利用毗邻穗、港、澳的良好区位优势，积极引进"四化融合，智慧佛山"所需的领军人才和高层次专业人才。鼓励有条件的企事业单位设立博士后科研工作站并开展博士后研究工作，积极引进和培养博士后科研人员。进一步完善留学人员创业优惠政策，鼓励各类留学人员投资创办企业。完善人才服务的市场机制，促进人才的合理流动和优化配置。加强对高层次人才和留学人才的信息资源管理，为高层次人才在户籍迁移、配偶就业、子女入托转学等方面提供优质服务。

4. 技术保障

加强核心技术研发，占领产业高地。加大对智慧城市建设相关核心技术研发工作的投入和扶持，重点推进光电显示、光照明、光伏、新材料、物联网、软件、现代服务业、新医药、环保等智慧产业和智慧城市核心技术的研发，大力推广新技术的应用，占领产业技术制高点，赢得产业发展的先机。

加强标准体系建设，夯实发展基础。制定满足信息化项目建设、推广应用和运行管理等各环节需要的标准和规范，重点抓好电子政务信息平台、电子商务服务平台、信息资源开发利用、社区和城市终端信息服务、信息安全技术与应用等领域标准规范制定工作。

加强保障体系建设，确保系统安全运行。建设全市统一、完善的电子政务安全保障体系。实施信息安全等级保护制度，建立信息安全风险评估体系。制定信息安全总体实施规范和不同行业的应用指南，建立信息化安全责任体系。建立信息网络安全技术、设备和产品的监督管理制度。建设集约化的灾难备份与恢复系统，完善安全防范机制，定期进行常规性的安全检测，对突发性的安全事件制定应急预案。完善网络安全规章制度，普及网络安全知识，建立网络安全负责制。坚持信息安全国产设备政府采购政策，实现基础信息网络和重要信息系统以自主可控设备为主的格局。

五、"智慧佛山"建设进展及初步成效

"四化融合，智慧佛山"工程开展以来，佛山市已经在体制机制创新、两化深度融合等方面取得新突破。

1. 体制机制创新实现新突破

一是由市委书记牵头成立"四化融合，智慧佛山"工作领导小组和相应的工作专责组。负责对全市"四化融合，智慧佛山"推进工作中的重大问题进行研究和决策，并协调各工作专责组工作，及时解决工作过程的重大问题。

二是由市长牵头成立佛山市信息化决策委员会，主要负责确立城市信息化建设进程中的重大研究方向、协调解决重大问题、审定重大项目、研究关键标准、统筹跨区跨部门事务、协调指导信息资源共享及开发等。

三是由市"四化融合，智慧佛山"工作领导小组办公室、市"三着力一推进"督查专责组办公室牵头组建督察工作组，明确责任考核和追究办法，查找分析存在问题，提出改进措施，督促各项工作快速推进，确保工作任务顺利完成。

四是建立"四化融合，智慧佛山"评估考核系统，及时把握阶段性工作进展情况，加大对项目的督察和问责力度，及时督办推进不力的项目，明确整改措施、时限、人员，加大推进落实力度。

五是加强统筹协调，印发《关于进一步加快通信基础设施建设的实施意见》、《佛山市信息化建设项目管理暂行办法》等政策性文件，在省内首创将通信基础设施建设纳入城市总体建设规划，促进信息资源共享和有效利用，提高财政资金使用效益。

2. 两化深度融合取得新进展

一是引导企业自觉实施两化融合计划初步展开。编制《佛山市信息化与工业化融合典型模式推广应用指南》，成立佛山市首席信息官（CIO）联盟，加强产学研合作，在标准规范、企业制度、引导机制等方面加以引导，开展企业自评估试点，指导行业协会、通信运营商等中介机构开展行业评估，探索建立与信息社会相适应的现代企业管理体系。

二是企业从生产制造向服务制造、现代服务以及先进制造转型升级的经验和模式正在由试点探索走向全面推进和深入发展。维尚家具集团等 3 家企业成为广东省两化融合行业标杆企业，海天调味食品有限公司等 30 家企业项目入选广东省"4 个 100"示范工程，各类试点示范项目数量居全省前茅，30 家试点示范企业项目累计投入信息化建设资金超 6 亿元，销售收入和利润得到显著增长。

三是重点行业企业通过应用信息技术改造重点环节、关键工艺，乃至设计研发生产和售后服务全过程，逐步呈现从粗放制造向绿色制造改造提升的发展态势。以佛山陶瓷行业为例，近三年陶瓷产量虽减少近 4 成，但产值和税收却增长了 1/3，同期能耗下降了 1/4，排放的二氧化硫减少了 1/5，广东新明珠陶瓷集团等 3 家企业成为"国家两化融合促进节能减排试点示范企业"。

四是两化深度融合衍生出一批新兴产业，推动和引导了技术服务、系统集成、现代物流以及电子商务等生产性服务业的发展，培育出新的经济增长点。一方面，促进生产性服务业剥离非主营业务，形成新的信息服务业；另一方面，带动上下游新兴产业发展，带动了一大批电子、家电、汽车配件、通信、云计算、物联网等生产和服务类企业的新发展，每年为广东省现代信息服务业的发展增加数百亿的产值。

五是电子政务实现了政府为公众服务的阶段转变，网络平台建设由"粗放分散"向"集约统一"转变，应用服务从"简单务虚"向"深入务实"转变，政府行政效率不断提高，服务成效日益凸显。智能政务、智能城管、智能安防、智能治安、智能环保、智能环保、智能电网、智能卫生、智能交通、智能教育、智能文化等一批重点智能工程项目全面启动。

六、"智慧佛山"的经验模式

根据深入细致的调研、客观系统的研究以及科学严谨的测算,可在对"智慧佛山"现阶段发展成果做出评估的基础上,结合 8 项"佛山特色",将"佛山模式"总结为 16 字方针,即"超前引领、智造先行、高度融合、转型跨越"。

1. 以"超前引领"为指导思想

"超前引领"是"佛山模式"的灵魂,是对"科学发展、先行先试"的高度概括,是"智慧佛山"各项成果与特色的源泉。通过对中国经济体制改革中所取得的伟大成就,以及西方发达国家经济发展的成功经验和失败教训进行比较、分析和总结,佛山市提出了"超前引领"的思想,将政府服务从"事中"、"事后"延伸到"超前"阶段,高度重视以前瞻思考为指引的顶层推动,突出规划引领,优先组织保障,协调工作机制,出台配套政策。充分运用政府在信息、资源、资金方面的集中优势,密切把握时代趋势,紧跟全球产业发展前沿,切实遵循市场经济客观规律,采用市场手段来超前引导、调控和干预经济发展,瞄准可预知的发展方向、规避不可测的发展风险,以获得事半功倍的效果。

2. 以"智造先行"为行动纲领

"智造先行"是"佛山模式"的动力,是"产业强市"战略的贯彻实施,是"智慧佛山"各项成果与特色的基础。佛山市委、市政府高度重视传统产业的改造提升，高度重视战略性新兴产业的引进、培育和布局，高度重视金融、科技、产业三者的融合发展。提升产业生产经营效率、提高节能减排水平、推动形成一批新兴增长点和产业集聚区、以金融手段打造产业高地，均是佛山市从"制造"到"智造"的具体表现，是佛山市实现"三个领跑"（现代制造业领跑广东、城市转型发展领跑广东、幸福佛山建设领跑广东）、"民富市强、幸福佛山"目标的主要物质手段和根本途径。

3. 以"高度融合"为本质特征

佛山市提出的"四化融合"发展途径，是从更为具象化的层面，以信息化为抓手，带动工业化，提升城镇化，加快国际化，实现信息技术主导下的全领域融合发展。结合目前工作实践进展和长远发展趋势来看，"四化融合"的内涵将会得到不断充实、完善和升华，不断泛化"融合"领域、深化"融合"程度，最终上升为一种表征意义，持续发挥对"智慧佛山"建设进程中各项工作的统领和引导作用。这里的"融合"主要是指以信息技术推广应用为主线，以终端、软件、系统、内容的密切融合为模式，以信息产业与工业、农业、服务业的深度融合为趋势，以各地区、各领域、各行业的广泛融合为目的，从而实现信息技术手段在经济、社会、文化、环境中的无所不在和无所不包。

4. 以"转型跨越"为根本目标

佛山市所提出的"智慧城市"发展战略，不仅仅是技术创新能力从低到高、产业发展领域从传统到新兴、生产方式从粗放到集约、生活方式从烦琐到便利的转变，更包含着一种全面提升、整体跨越的精神信念，是一场认识论的变革，是对传统束缚的彻底打破。"信息"作为一种活性要素，会贯穿于整个转型阶段，以多样化的形式发挥其引领、支撑和带动作用，加快推动佛山市从传统制造业重镇向新兴产业聚集地跨越、从规模速度型发展方式向质量效益型发展方式跨越、从追求 GDP 增长向追求公众幸福感增长跨越、从工业经济时代向信息经济时代跨越。

"数字东胜" 重在应用

——鄂尔多斯市东胜区信息化城市建设案例

东胜区是内蒙古自治区鄂尔多斯市的核心区，其整体性推进数字城市建设的时间并不长，却在仅两年多的时间内取得了令人瞩目的成绩。这不仅是因为它拥有"羊煤土气"的资源支撑和良好的经济发展基础，更得益于它在信息化城市推进过程中的战略意识和务实精神。其一，信息化城市建设与城市发展战略紧紧结合，"一把手"高度重视，目标明确。其二，真正做到了"统一规划，统一建设"。如建立"城市数据中心"，将所有政府部门的机房都统到一起。其三，重点突出，逐步深化，一步一个脚印。其四，具体操作方面，有较好的制度和措施保障，确保各项工程任务能落到实处。总体上看，"数字东胜"有了良好的开端，但要完成向信息化城市的全面转型还有很长的路要走。

信息化已经成为营造地区后发优势、实现跨越式发展的有效途径，成为提升城市化、工业化层次的最佳手段，成为城市发展的新主题和社会发展新动力。2008 年，工业和信息化部将呼、包、鄂地区确定为国家级信息化与工业化融合创新试验区，东胜区委、区政府在内蒙古自治区提出打造"数字东胜"，重在城市管理应用创新和改善民生问题，力求取得建设实效。

东胜区在建设"数字东胜"的过程中，积极把握"网化融合"发展新机遇，提高经济发展效率、发展质量和发展水平，带动信息化建设应用和产业发展，完成产业转型升级。东胜区围绕鄂尔多斯市"结构转型、创新强市"的发展战略，通过体制创新和技术创新，积极推动以新一代信息技术应用和战略性新兴产业培育为特征的智能发展，以此实现产业智能发展。

一、"数字东胜"建设的基础

东胜区信息化建设正式开始于 2003 年，经过长达 9 年的发展，历经了"电子政务基础网络建设—政府办公自动化和企业信息化自主发展—数字城市整体建设"三大阶段，信息化建设取得了初步成效，为"数字东胜"建设奠定了重要基础。

1. 信息畅通工作稳步推进

信息网络建设不断完善。各街道、社区、区直各部门全部接入政务专网，政府各部门均能够利用 3G 网络进行移动办公，初步建成以光纤网络为主干，无线网络全覆盖的信息高速公路。

政务信息资源共享取得实质性进展。建成"数字东胜"综合数据机房，搭建了城市级信息共享交换平台，建立起大型的综合数据仓库，已经对全区 20 多个部门的数据进行整合。形成全区各部门间信息资源共享、各系统间互联互通的管理机制与技术支撑平台，尤其在城市管理与应急指挥工作中已发挥重要作用。

2. 管理创新效果初显

东胜"数字城管"项目是自治区城市管理领域率先实施的一项管理创新工程，作为重点项目筹建并投入运行，项目自开始建设以来一直本着"统一规划、突出重点、应用先导、务求实效"的建设原则，并于 2009 年 4 月启动建设。建立了一套覆盖信息采集、任务送达、评价考核的城市管理协调运作机制，对主城区 22 平方公里的 6 大类 55 小类事件和 7 大类 95 小类 105099 个部件实现了网格化、精细化管理，提高了城市管理水平和管理效率，"数字城管"的建设经验和成果已经在鄂尔多斯市广泛推行应用，并被授予全国试点城市荣誉称号。

3. "阳光政务"成绩突出

东胜区深化电子政务应用，充分发挥信息技术对提高政府效能、发挥协同效益、提升与公众交流效率的推动作用，实现政府机关内部事务处理、业务管理和公众服务的自动化，构建服务型政府与阳光政府。深化电子政务应用是构建服务型政府与阳光政府的重要方式。

政务办公自动化有效提升办公效率。东胜区办公自动化（OA）系统在全区 101 个部门正式运行，在 93 个部门实现了内部业务办公自动化，同时结合"数字东胜"项目整体建设，打造了移动办公手持终端，初步实现政府网上办公、无纸化办公，提高了办公效率。

应急指挥平台稳步推进。按照"平战结合"原则，建设了"数字东胜"应急指挥平台系统，对危险源、需防护目标进行摸查，建立相应应急预案 80 多条，应急资源保障近 700 条，对全区风险隐患、单位预案和应急资源进行采集加工入库，整合现有空间地理信息、视频图像、呼叫平台和短信等资源，定制开发监测监控、信息报告、综合研判、指挥调度等主要功能，初步实现全区联合应急指挥。

电子行政审批、电子监察便民服务全面展开。电子行政审批与电子监察系统已经在区级部门、乡镇、社区开展试运行，建立了"一站式"行政审批服务大厅与社区非行政审批服务站，安监局、民委、发改局等 23 家单位已进驻审批服务大厅，形成了"流程公开、限时办理、节点负责、责任追寻"的创新服务模式，形成了固化大厅与虚拟大厅相结合的行政审批便民服务网络。

门户网站建设继续深化。建成了东胜区门户网站，并针对东胜区各类大型活动的开展，增设了科学发展观、创城创卫等专题栏目，更新了网站便民服务栏目，提升了门户网站的服务能力；通过对各部门信息公开情况进行实时监控、检查和定期通报，提升门户网站信息质量，使门户网站成为加大政务信息公开力度，构建服务型政府、阳光政府的重要手段。

4. "两化融合" 工作有序开展

信息通信业发展持续且稳定，信息服务业良性成长。2010 年全年，东胜区完成电信业务总量 12.61 亿元。在"数字东胜"的推动下，东胜区信息服务业实现了从无到有的跨越，并呈现出快速增长的态势，涌现出一卡通服务公司、内蒙古煤炭交易市场、物流信息港等一批信息服务新型企业。

煤炭行业信息化快速推进。建成煤炭局门户网站，建成煤炭局安全监控中心，铺设了矿井安全监测专网，建立了煤炭生产安全监管系统，实现对关键场景和关键安全数据的监控；搭建起具有汇集信息、撮合交易、规避风险功能的煤炭电子交易平台；部分大型煤炭企业已经实施了经营管理、井下人员管理等生产管理信息系统，并取得显著成效。

中小企业信息化步入初级阶段。随着东胜区经济社会的快速发展，中小企业也逐渐开始重视信息化建设，在提高中小企业竞争力方面取得了一定的成效。截至 2009 年底，东胜区 98%的中小商户均配置了收款机、安全监控和机打发票等设备。

5. 科技惠民成果显著

市民卡工程效果显著。鄂尔多斯市市民卡集公共交通、医保、社保、公共事业缴费、金融消费、小额电子钱包等功能为一体，方便了百姓生活，降低了社会成本。

6. 信息化环境不断优化

东胜区区委、区政府领导高度重视信息化工作。区领导积极参与信息化重大事项决策，指导组织信息化建设，敦促区内各级领导带头使用办公自动化来处理公文，推动各委办局采用办公自动化系统实现网上文件流转和行政审批，有效保证东胜信息化建设的顺利实施。

信息化管理体制机制日趋完善。按照国家、自治区和鄂尔多斯市要求，建立了科学、规范的信息化管理办法，明确信息化工作机制体制，强化了信息委信息化工作主管部门地位，并由信息化主管部门按照"统一规划、统一建设、统一标准、统一监管"的原则对"数字东胜"建设进行管理、规划、审批和推广。

信息化人才队伍逐渐壮大。通过"数字东胜"建设培养了一批年轻且具备较强专业素养的信息化人才队伍，营造了用好人才、吸引人才和培养人才的浓厚氛围；进一步完善了东胜区信息化专家库，在保持长期联系的基础上，本着"不求所有、但求所用"的原则，充分发挥专家学者在"数字东胜"建设过程中的决策咨询作用。

二、"数字东胜"建设的原则和主要业绩

2009 年,"数字东胜"工程正式启动实施,在区级层面统一规划、建设、管理信息资源,以满足百姓需求、提升政府服务为切入点,实施了科技惠民、管理创新、阳光政务、信息畅通 4 大工程,经过 1 年的建设,4 大工程建设成效显著。2010 年,"数字东胜"建设在继续完善提高市民卡、数字城管等工程的基础上,针对东胜区实际,着手制定《信息化建设"十二五"规划》及各其相关规范、标准和实施细则,开展"1 个电子商务平台、2 项信息化基础设施、4 大数字工程"建设,旨在通过一系列信息化项目的建设,带动全区信息化产业发展,推动经济结构转型,全面提升全区的信息化水平。

1. 两个建设原则

在"数字东胜"建设的过程中,总体思路土把握两个原则:

一是"统一规划、自上而下、信息共享、保障安全"的规划指导思想。东胜区信息化发展起步晚、底子薄,部门信息化建设比较滞后,东胜区委、区政府充分发挥后发优势,统筹协调信息化建设整体布局,站在全区信息化建设一盘棋的高度,统一规划数字东胜。统筹协调各部门信息化建设,建立统一的城市级信息中心,在保障东胜区未来 10 年信息化发展需求的同时,也成为"数字鄂尔多斯"的数据中心,为全市提供基础性数据服务。制定统一的建设标准规范,保证各部门、各系统信息化建设的互联互通,实现资源的共享交换利用。

二是"应用先导、务求实效、突出重点、分步实施"的建设指导思想。从百姓需求最迫切的问题入手，从政府服务最薄弱的环节入手，以需求推动应用，以信息化的手段解决经济社会发展中存在的问题。

2. 主要业绩

（1）"1个中心、2项基础、4大工程"。2009年，"数字东胜"开展建设"1个中心，2项基础，4大工程"并取得了实效。

1）"1个中心"。打造了城市级的信息中心。"数字东胜"工程的建设受到了东胜区委、区政府的高度重视与大力支持，划拨了东胜区行政服务中心9、10两层共3800平方米建设城市级的信息中心，本着统一规划、适度超前的原则，建设了800平方米的国家A级机房作为"数字东胜"的数据中心。这一数据中心的建设将满足东胜区信息化未来10年的建设需求，成为东胜区数字城市建设的一大亮点，不仅提升了管理效率和水平，而且将机房精密空调、消防工程等价值2000万元的投入实现共享，为每项信息工程节省资金1/6，累计节省资金投入3000万元。受到国家工信部及自治区经信委相关领导的认可和肯定。

2）2项基础。一是基础光纤网络建设，网络是信息化建设的基础，在各大电信运营商现有管网不能满足"数字东胜"建设网络需求的情况下，由政府统一建设连接全区各部门的基础光纤网络近300公里，并将电信运营商无线网络作为补充，建设了东胜区连接各镇、各办事处、各部门以光纤网络为主干、无线网络全覆盖的网络格局。

二是可视化城市管理体系建设，在全区各社区、住宅小区、人员密集场所布放视频监控系统，形成基本覆盖整个东胜区的全天候监控网络。在东胜区的8个出城卡口及各个路口、路段和制高点等公共区域安装4860部摄像机，在东胜区的417个重点要害单位，143个小区、

3911 个商业网点和公园、广场等区域累计安装了 14407 部视频监控摄像机，基本实现了重点场所的全覆盖。视频监控系统的建设使得东胜区治安水平得到了有效提升，交通事故同比往年下降 18.18%，也为提升城市管理手段提供了基础。

3）"4 大工程"。一是以鄂尔多斯市市民卡项目为依托的"科技惠民工程"。2009 年，区政府与南京联创集团共同组建了鄂尔多斯市民卡建设有限公司，通过政府主导、企业化运作、市场化管理的模式，针对鄂尔多斯全市发放集公共事业缴费、"五保合一"、小额电子钱包等功能为一体的鄂尔多斯市民卡。项目从 2009 年 10 月集中发卡到目前，免费向百姓发卡近 30 万张。实现了以下功能：

第一，市民刷卡乘坐公交车政府给予补贴。凡持市民卡乘坐公交车的百姓，普通市民可享受 5 折优惠，学生享受 3 折优惠，老、残、军属、低保等特殊人群全部免费。由政府每年出资约 1200 万元对优惠部分给予公交公司补贴。刷卡乘车平均每日 6 万余人次，超过公交乘车人数的 60%。公交车乘坐人数同比增加 2 万人次/日，城区交通状况得到有效缓解。截至 2010 年底，东胜区财政对市民卡公交优惠刷卡补贴金额达 1200 万元。

第二，医保、社保等"五保合一"一卡通实现。鄂尔多斯市民卡社保功能获得国家社保部、自治区社保厅批准，百姓可以通过市民卡参保、获保。未来，鄂尔多斯市民卡将作为自治区社会保障卡的试点工程向全自治区推开。

第三，水、电、气、信、暖等公共事业缴费。为缓解百姓各类缴费难的问题，东胜区在各个街道办事处、社区、大型居民小区、人流量较大的商场、超市布放自助缴费终端共计 50 台，百姓持市民卡不出小区、社区在自助缴费终端上即可完成水、电、气、信等公共缴费。

东胜区新建、在建小区都计划统一安装支持市民卡的水、电、气、暖表，百姓用市民卡在家即可缴纳相关费用，生活便利性进一步提升。目前，各类表的开发工作已经完成，测试工作即将完成。

第四，实现日常生活全覆盖刷卡消费。百姓持市民卡还可以实现税务申报、小额电子钱包、金融消费等功能。目前，市民卡刷卡消费已拓展商户106家，布放近300台POS机，包括鄂尔多斯购物中心、加油站、美特好、北国新天地、国宾馆、俏江南等，应用领域遍及百姓吃、住、行、购、娱等各个方面。

针对东胜区打车难的问题，对东胜区新增的600辆出租车安装GPS、计价、刷卡三合一机具，实现刷卡乘车，开通支持市民卡刷卡停车。随着市民卡应用范围的扩大和使用效率的提高，百姓生活便利性将逐步提升。市民卡是东胜区数字城市、智能城市的基础，也将逐步成为东胜区加强行政管理的另一有效介质。

二是以信息化手段提升城市管理水平的"管理创新工程"。"数字城管"是2009年东胜区委、区政府实施的城市综合管理项目。项目根据监督指挥相分离的原则，以网格化技术、数字化手段对城市管理体制、机制进行了创新性的改革。在决策层建立城市管理联席会议制度，重塑城市管理机制、体制。由主要领导直接过问城市管理中存在的主要问题，现场协调解决，划分责任，确保城市管理高效运转。通过再造城市管理流程，建立起一套科学完善的监督评价体系，问题的发现、处理、监督评价互相分离，从而提高城市管理水平和管理效率。在技术层实现网格化、精细化管理，打造城市管理新模式。利用现代化的手段，对城市进行万米网格划分，编制了指挥手册作为东胜区数字城管的核心文件，指挥手册将城市管理部件分为7大类95小类，并全部进行了普查，将城市管理事件归纳为5大类54小类。目前，数字城管的范围是 22 平方公里的城市中心区域，计划今年将范围扩大至整个东胜建成区及罕台镇、铜川镇。东胜区数字城管项目于 2009 年 8 月开始试运行，2009 年 11 月 26 日通过国家住建部专家组验收，被列为"全国数字化城市管理试点城区"。项目实施以来，累计受理各类城市管理案件 15 万件，结案率达到 98%。

三是推进政府职能转变、提升工作效率的"阳光政务工程"。从 2009 年 8 月 1 日起，东胜区办公自动化 OA 系统在全区 101 个党政部门正式实施，实现了公文网上流转，部门间纸质文件传输全部取消，全区 97 个部门已经实现内部办公自动化，计划 2011 年前全部实现办公自动化，同时引导各部门尽快建立自己的业务系统，争取用两年的时间建立具有东胜特色的自动化办公环境。2010 年 3 月 1 日，行政审批大厅正式启用，区委、区政府专门成立了行政审批服务中心，人员已经到位。目前，共有 22 家单位 145 项业务进驻大厅并开始使用行政审批与电子监察系统，通过系统办理审批的案件达 70%。未来，东胜区将进一步加大督办力度，启动电子审批公章，实现全部行政审批网上办理。同时开展非行政审批在社区的应用，在年内搭建起网上行政审批的大环境，并对行政审批实现电子监察。

四是打造城市级信息交换共享平台、实现互联互通的"信息畅通工程"。"数字东胜"项目建设的一大特色就是站在城市的高度，统一规划、调度信息资源。建设统一的信息中心，建立城市级的信息共享交换平台，通过整合各部门业务数据建立大型的综合数据仓库，形成东胜区各部门间信息资源共享，各系统间互联互通，消除信息孤岛。该系统的应用打破了过去只局限于本单位、本系统间信息资源交互的信息孤岛格局，实现了东胜区范围内电子信息资源的有序共享和高效利用。目前综合信息共享交换平台已接入公安、财政、统计、规划等 20

多个部门的业务数据。同时，遵循国家应急平台体系标准按照平战结合的原则，建成应急指挥平台，通过建立评估模型预测事态发展趋势并自动启动应对预案，确保快速、准确、科学、有效地处理应急突发事件。目前，信息资源共享交换平台正在开展"社会救助信息共享应用"及"国民经济和社会发展指标分析"两个应用主题的建设，推动全区信息资源的高效、快速共享。

（2）物流信息港、"一所"、一卡通等工程。2010年，"数字东胜"在2009年建设的基础上，为打造电子商务平台重点，进一步完善基础设施建设，推动数字工程的开展。东胜区在推进项目建设的过程中，提出打造"一港一所一卡"，立足全市建立电子商务平台。并随着电子商务的发展，配套服务企业的电子商务服务中心，将东胜区信息产业做大做强。

一是依托4大物流园区建设，建立现代物流信息港。依托4大物流园区，以铜川汽车博览园为基地，建成由信息港、公路港、二手车市场、仓储区、工程机械与汽车及其零部件、铜川汽车博览园6大实体功能与1个物流信息服务平台整合构成的物流信息港。预计项目到2020年建成并运营6大实体物流基地，实现电子商务年交易额超过800亿元；物流信息服务年营收超过26亿元；实体物流服务年营收超过33亿元，物流金融年营业额超过3亿元，整个行业吸纳社会就业近3万人。

二是建立煤炭电子交易所——"一所"。内蒙古煤炭交易市场于2009年4月在鄂尔多斯市康巴什新区登记成立。注册资本金8000万元人民币（即将增资为注册金10亿元），现有运营资金155亿元（各大银行授信共计100亿元，自有资金55亿元）。项目受到了鄂尔多斯市委、市政府的高度关注和重视，专门成立了由杜梓书记任组长的协调工作组。目前，煤炭电子交易系统、物流信息系统软件开发研制工作和内蒙古煤炭资源门户网、煤炭交易网的制作工作均已完成。煤炭电子交易所将在东胜建设，专门负责网上煤炭交易的结算，同时，结算后台将依托"数字东胜"数据中心机房建立。2011 年现网上煤炭交易 1 亿~3 亿吨，5 年内实现年交易额 13 亿吨。

三是结合市民卡项目建设，打造移动电子商务一卡通。在市民卡基础上与各电信运营商合作，发展移动电子商务，百姓购物、餐饮、水电等公共事业缴费等日常生活消费都可以用手机来刷卡付费。目前，手机支付功能改造全部完成，即将进行商业推广。

四是以云计算服务业园区为核心，打造辐射西北部地区的现代信息服务业基地。东胜区委、区政府已经划拨了 10 平方公里土地用于打造中国"草原硅谷"云计算服务产业园区，土地一级开发的商业模式已经确定执行。目前，园区规划和土地征拆工作已经开始，2011 年将完成全部土地收储及一期 3 平方公里基础设施建设。园区位于东胜区与康巴什新区之间，紧邻东胜——康巴什快速通道，距离东胜主城区南出口 4 公里处，距离鄂尔多斯市人民政府所在地康巴什新区 17 公里，距离鄂尔多斯机场约 30 公里，待新机场高速建成后距机场约 20 公里。打造以专业化数据产业为核心，以云计算为发展方式，集聚顶级电信运营商、主流 IT 企业、网络信息服务商的综合性现代信息服务产业园区，为鄂尔多斯周边乃至西北地区提供信息服务，填补我国西北地区数据中心发展的空白，建设世界级现代信息服务业基地，并努力将其发展为全球云计算的主要核心和对接中心之一，将其打造成为"草原硅谷"。为发展信息产业，区委、区政府大力支持 IT 企业落户东胜区，金蝶、用友等知名 IT 企业在东胜区建立了分公司；对中国联通、阿里巴巴、INTER、世纪互联、中金数据、万国数据、宽带资本、中兴、华为、上海维赛特、上海宇光等近 20 家国内外知名企业进行了考察和接洽，并达成合作意向。

在重点发展电子信息产业以外，东胜区将基础设施建设作为"数字东胜"长效发展的依托，将空间地理信息系统和可视化城市管理系统作为重点信息基础设施予以重点建设。针对东胜区有效测绘面积仅覆盖东胜区城区 22 平方公里范围，占已建成面积的 27.5%，且测绘精度不高、空间数据单一，难以满足基于 GIS 系统的应用需求。在 2009 年可视化城市管理系统的建设基础上，2011 年，可视化的城市管理将进一步延伸至铁西三期、装备制造基地、2 个卫星镇。计划新增 1341 部摄像头，实现社区、街道、政府的三级管理。目前，城区测绘已经全部完成，正在组织验收，周边地区完成 30 平方公里测绘，剩余 13 平方公里由于天气原因将于 2012 年完成。

2010 年，实施"数字教育"工程，着力解决百姓教育问题，使百姓学有优教。以校园一卡通为基础，整合政府、学校、其他教育机构及社会的各类教育资源，建立以教育局为中心、覆盖全区所有中小学及幼儿园的教育教学平台。通过远程教育、网络教学等方式，共享优秀教育资源，实现教育资源扁平化，学生管理精细化，提升学校教学、管理水平，从而有效解决百姓择校问题。实施"数字卫生"工程，着力解决百姓就医问题，使百姓病有良医。建立、完善区医疗、公共卫生、社区卫生等信息系统，构建全区居民数字健康档案体系，对全区卫生系统进行统一部署，实现互联共享，有效支撑新医改和区医疗卫生业务的纵横整合。通过电子病例共享、专家远程医疗会诊、多级医疗机构协同，百姓大病有良医，小病在社区，实现百姓看病零差价，从而有效解决百姓看病贵、看病难的问题。实施"数字社区"工程，着力提升社区服务管理水平，使百姓居有颐区。依托人口基础数据库，建立基于空间地理信息系统的社区人口管理系统，实现社区居民的精确化、差异化定位管理，同时积极整合面向社区的各领域管理与服务系统，将各类信息化项目延伸至社区，为百姓提供贴身、优质服务，进一步提升社区的管理水平与服务功能。实施"数字城建"工程，着力提升城市管理效率。针对城市快速发展与城建档案建立差异化的问题，开展东胜区城建档案信息化基础设施建设。通过地上城建项目和地下管网的电子化档案的建设和完善，提升城市管理，同时，为城市的科学规划、建设提供依据。

三、"数字东胜"进一步发展计划

东胜区信息化发展将以经济发展方式转变为主线，以保障和改善民生为根本落脚点，着力加快以信息化推进城市化，实现数字城市；着力加快以信息化促进产业化，打造"草原硅谷"；着力加快以信息化带动城乡一体化，实现公共服务均等化。

1. 以信息化推进城市化，实现"数字城市"

将城市信息基础网络规划纳入城市发展总体规划，信息基础网络建设与城市基础设施同步建设。统筹推进城市公共视频资源建设，实现东胜城区视频监控网络覆盖。统筹推进基础数据资源建设，依托城市级数据中心，推进政府云服务中心和区域性政务灾备中心建设，继续整合部门政务信息资源，积极探索建立政务信息资源用于社会公益服务的机制，促进公益性、商业性的信息资源开发利用，推进城市智能化管理建设，实现城市建设信息的共享，推进建设现代化东胜。

2. 以信息化提升产业化，打造"草原硅谷"

（1）推进云计算产业集群建设，打造国家云计算数据中心产业试点。按照发达国家信息产业调整情况，随着我国西北地区社会、经济及信息化建设的快速发展和东南沿海地区城市土地和能源的稀缺，大工业、数据中心等高占地、高耗能产业将逐步由东南沿海地区向资源富集、地理环境优越、能源价格低廉的西北地区转移。鄂尔多斯通过近几年经济社会的快速发展，以及"数字东胜"等一系列信息化项目的建设，已经形成了良好的发展氛围和基础，区域性物流信息港进入试运行，国家级的煤炭电子交易市场即将投入运营，"数字东胜"各项目建设成果明显，具备了承接国家产业转移的条件，在下一步工作中，发挥地区优势，将鄂尔多斯打造成为国家云计算数据中心的试点城市将是数字东胜乃至鄂尔多斯发展的重点，希望领导给予支持。

一是鄂尔多斯地质构造稳定、气候凉爽。历史上无中等以上地震记载，极少洪涝、台风等自然灾害，也非国家军事、政府重点区域，稳定的自然环境是建设数据中心的首要前提。同时，这里年平均气温在 3.5~5.5℃，比北京低 6~7℃，为数据中心运维节能降耗提供了优良的自然条件，有助于国家节能、降耗、减排政策的实施。

二是鄂尔多斯地大物博、能源丰富。鄂尔多斯地处有中国 21 世纪能源接续地之称的鄂尔多斯盆地，境内和周边地区资源富集，土地、能源丰厚，风能、太阳能等新型能源应用发展快速，电力价格在国内处于低位。云计算及数据中心在当地发展，将传统的煤炭运输、电力运输转变为信息传输，将进一步提高国家能源转移效率，减少能源损耗。

三是相关企业积极性高。通过前期对中国移动、中国联通、阿里巴巴、INTER、世纪互联、中金数据、宽带资本、华为、上海宇光等近20家国内外知名企业进行了考察和接洽，企业对地区低建设、运营成本优势非常关注，反馈积极，表示建设数据中心愿意优先考虑鄂尔多斯。其中，已经与世纪互联、上海宇光集团签订了合作协议。中国移动、上海维赛特等多家企业将近期进行深入考察，也从另一个角度说明鄂尔多斯建设云计算数据中心的优势。

（2）推进现代信息服务业发展。促进信息技术服务与经济社会领域的融合和互动发展，提升东胜区信息技术服务能力。建设政府主导的信息化大厦，为全国各地大、中、小IT企业本地化创造良好的氛围，采取减免房租、税收等多种手段培育、发展、壮大东胜区的IT产业。着力推动面向资源产业、商贸流通、房地产、金融的信息技术服务业，发展电子商务、物流信息、IT系统集成、信息化咨询等服务。

（3）推进信息化与传统产业的深度融合发展。大力推进两化融合，重点针对东胜煤炭业、装备制造业、酒业和小食品加工业，推进企业在研发设计、原材料采购、生产制造、营销服务和企业管理等环节的信息化应用，重点推进信息技术与资源开发和装备制造业的高端融合。引导企业利用信息技术全面提升经营管理模式，鼓励企业研发生产信息技术含量高的产品，推进企业积极利用新一代信息技术实现节能环保。

（4）推进信息化与现代服务业的融合发展。依托鄂尔多斯商贸、交通、物流和旅游资源，促进东胜区现有商贸区、交通枢纽、物流园区、旅游景区、全国工业旅游示范点和星级饭店的信息服务体系建设。以信息技术为手段，统筹和规范服务的内容，有序开展信息服务，收集、汇总、处理和发布信息内容。

（5）以信息化带动城乡一体化，实现公共服务均等化。继续深化电子政务应用，建立信息公开长效机制，逐步实现"一站式"网上审批，构建公众知识数据库，实现市民咨询、求助、建议、批评、投诉等网站一口受理、分办和反馈，形成完善的政府与民众交流体系。同时，大力发展民生信息化工程，通过数字卫生、数字教育、数字社区等项目，促进社会领域基本公共服务均等化、普惠化，带动城乡一体化。

（6）健全信息化推进体制机制。加强信息化的组织领导和监督考核机制，进一步建立各部门信息化工作向区委、区政府报告制度和区信息化委员会对各部门信息化工作指导制度，形成全社会共同推进格局。完善信息化建设标准规范。健全信息化管理制度，加快信息化标准制定和管理工作，统筹推进信息安全体系建设。

城市化的本质是落实以人为本、推动经济增长、享受方便服务、提升文明程度。城市的发展、建设、管理以及公共服务能力的提升，都离不开信息化的支撑。城市化进程加快要求东胜区不断完善城市信息服务功能，提高城市管理水平和运行效率，加快推进城市现代化。城市化和信息化融合是实现城市精细化管理、智能化运行的重要手段。

名 词 解 释

1. 包容性发展（Inclusive Development）：指社会中所有个人和群体都能平等地分享经济社会发展带来的福利，从而实现个人自由而全面的发展。

2. 城市功能（Urban Functions）：也称城市职能，泛指城市的能力和作用。城市功能可区分为一般功能和特殊功能。城市的一般功能是指所有城市都共同具备的普遍功能，如承载功能、经济功能、社会功能等，强调的是区别城乡之间的界限。城市的特殊功能是指某一城市或某类城市所特有的功能，强调的是城市的个性特征，如首都、交通枢纽、金融中心、贸易中心、加工中心、旅游中心等。

3. 城市化（Urbanization）：指人类生产和生活方式由乡村型向城市型转化的历史过程。从人口的角度理解，城市化表现为农村人口转化为城市（镇）人口或农业人口转化为非农业人口的过程；从经济发展的角度看，城市化表现为非农产业在城市积聚的过程；从生活方式的角度看，城市化表现为从农村生活方式向城市（镇）生活方式发生质变的过程。

4. 传感网（Sensor Network）：即传感器网络，指由大量部署在作用区域内的、具有无线通信与计算能力的微小传感器节点，通过自组织方式构成的能根据环境自主完成指定任务的分布式智能化网络系统。

5. 电子商务（Electric Commerce）：指利用现代信息技术实现整个商务过程的电子化、数字化和网络化。根据其参与主体不同可分为三类：一是企业与企业之间的电子商务（Business to Business，B to B）；二是企业与消费者之间的电子商务（Business to Consumer，B to C）；三是消费者与消费者之间的电子商务 （Consumer to Consumer，C to C）。

6. 电子政务 （E-government）：指政府部门利用现代信息技术开展行政管理，向企业和社会提供所需的公共产品和服务。

7. 可持续发展 （Sustainable Development）：指既满足当前发展需要，又不损害后代人利益的发展模式。

8. 两化融合 （Integration of Informatization and Industralization）：指信息化和工业化的高层次的深度结合，是以信息化带动工业化、以工业化促进信息化，走新型工业化道路。

9. 三网融合 （Triple Play）：指电信网、广播电视网和互联网实现互联互通、资源共享，为用户提供话音、数据和广播电视等多种服务。

10. 数字包容 （Digital Inclusiveness）：指不同社会群体和个人能够自由、平等地使用现代信息技术。

11. 数字鸿沟 （Digital Divide）：指不同社会群体之间在拥有和使用现代信息技术方面存在的差距。

12. 网格化管理 （Grid-based Administration）：指依托统一的城市管理数字化平台，将城市管理辖区按照一定的标准划分成单元网格，实现对城市部件和事件管理的一种管理模式。

13. 物联网 （Internet of the Things）：指通过射频识别 （RFID）、红外感应器、全球定位系统、激光扫描器等信息传感设备，按约定的协议，把任何物品与互联网相连接，进行信息交换和通信，以实现对物品的智能化识别、定位、跟踪、监控和管理的一种网络。

14. 信息化 （Informatization）：指充分利用信息技术，开发利用信息资源，促进信息交流和知识共享，推动经济社会发展的过程。

15. 信息化城市 （Informatization City）：即信息社会的城市，指充分实现信息化的新型城市形态，具备知识型经济、网络化社会、服务型政府、数字化生活等信息社会基本特征。

16. 信息基础设施（Information Infrastructure）：指能以交互方式传送语音、数据、文本、图像、视像和多媒体信息的通信网络及相关设施，包括电信网、广电网、计算机网、大型数据库、支持环境等。

17. 信息社会（Information Society）：指以信息活动为基础的新型社会形态和社会发展阶段。这里所说的信息活动，简单地说就是与信息生产相关的活动，或从事信息加工、处理、传输、服务的活动。

18. 信息素质（Information Literacy）：指人们获取、评价和使用信息的能力。

19. 移动互联网（Mobile Internet）：指以宽带 IP 为技术核心，可同时提供语音、数据、多媒体等业务服务的开放式基础电信网络。从用户行为角度看，广义的移动互联网是指用户可以使用手机、笔记本等移动终端，通过移动网络和 HTTP 协议接入互联网；狭义的移动互联网是指用户使用手机终端，通过无线通信方式，访问采用 WAP 协议的网站。

20. 云计算（Cloud Computing）：指一种基于互联网的计算方式，通过这种方式，共享的软、硬件资源和信息可以按需提供给计算机和其他设备。狭义云计算指 IT 基础设施的交付和使用模式，指通过网络以按需、易扩展的方式获得所需资源；广义云计算指服务的交付和使用模式，指通过网络以按需、易扩展的方式获得所需服务。

21. 智慧城市（Smart City）：指通过广泛采用物联网、云计算、人工智能、数据挖掘、知识管理等现代信息技术，提高城市规划、建设、管理、服务智能化水平的一种信息化城市发展模式。

22. 中等收入陷阱（Middle-income Trap）：指当一个国家的人均收入达到中等水平后，由于不能顺利实现经济发展方式转变，导致经济增长动力不足，最终出现经济停滞的现象。

参 考 文 献

一、著作

[1] [美] 阿瑟·奥莎利文:《城市经济学》,北京大学出版社,2008年。

[2] [英] 约翰·里德:《城市》,清华大学出版社,2010年。

[3] [美] 理查德·瑞吉斯特:《生态城市:重建与自然平衡的城市》(修订版),社会科学文献出版社,2010年。

[4] [西] 若尔迪·博尔哈、[美] 曼纽尔·卡斯特等:《本土化与全球化:信息时代的城市管理》,北京大学出版社,2008年。

[5] [美] 迈克尔·泽伊:《擒获未来:21世纪的科技与人类生活》,上海三联书店,1996年。

[6] [英] 布雷恩·理查德:《未来的城市交通》,同济大学出版社,2006年。

[7] [美] 彼得·卡尔索普:《未来美国大都市:生态·社区·美国梦》,中国建筑工业出版社,2009年。

[8] [美] 乔尔·科特金:《全球城市史》(修订版),社会科学文献出版社,2010年。

[9] [美] 唐·泰普斯科特:《数字化成长》(3.0版),中国人民大学出版社,2009年。

〔10〕〔美〕约翰·奈斯比特:《大趋势——改变我们生活的十个新方向》,新华出版社,1984年。

〔11〕〔美〕曼纽尔·卡斯特:《网络星河——对互联网、商业和社会的反思》,社会科学文献出版社,2007年。

〔12〕〔美〕丹尼尔·李·克莱曼:《科学技术在社会中——从生物技术到互联网》,商务印书馆,2009年。

〔13〕〔美〕乔纳森·奇特林:《互联网的未来——光荣、毁灭与救赎的预言》,东方出版社,2011年。

〔14〕〔美〕诺斯:《制度、制度变迁与经济绩效》,上海三联书店,1994年。

〔15〕〔美〕诺斯:《经济史中的结构与变迁》,上海三联书店,1994年。

〔16〕〔美〕诺斯:《新制度经济学前沿》,经济科学出版社,2003年。

〔17〕中华人民共和国国务院新闻办公室:《中国互联网状况》,人民出版社,2010年。

〔18〕周宏仁:《信息化论》,人民出版社,2008年。

〔19〕张新红等:《中国信息社会测评报告》,经济管理出版社,2011年。

〔20〕艾浩军等:《物联网技术与产业发展》,人民邮电出版社,2011年。

〔21〕张平:《〈中华人民共和国国民经济和社会发展第十二个五年规划纲要〉辅导读本》,人民出版社,2011年。

〔22〕陈喜乐:《网络时代——知识创新与信息传播》,厦门大学出版社,2007年。

〔23〕刘传相:《4G:将给互联网带来什么?》,《人民邮电报》,2011

年 2 月 25 日。

[24] 孙世界、刘博敏：《信息化城市》，天津大学出版社，2007 年。

[25] 王家耀、宁津生、张祖勋：《中国数字城市建设方案及推进战略研究》，科学出版社，2008 年。

[26] 谢文蕙、邓卫：《城市经济学》（第二版），清华大学出版社，2008 年。

[27] 郑国：《国内外数字化城市管理案例》，中国人民大学出版社，2009 年。

[28] 杨宏山、齐建宗：《数字化城市管理模式》，中国人民大学出版社，2009 年。

[29] 王海松、仲昱雯：《节能城市：城市的智慧》，上海人民出版社，2010 年。

[30] 陈劲：《绿色智慧城市》，浙江大学出版社，2010 年。

[31] 王志良：《物联网：现在与未来》，机械工业出版社，2010 年。

[32] 王潇：《跨越发展的途径和代价》，中国经济出版社，2010 年。

[33] 张为民等：《云计算：深刻改变未来》，科学出版社，2009 年。

二、研究论文

[34] 冯景源：《生产力跨越发展研究的现代意义》，《中国特色社会主义研究》，2001 年第 5 期。

[35] 李黎明：《社会跨越发展：一个重大而现实的研究课题》，《生态经济》，2011 年第 1 期。

[36] 陈德智、肖宁川：《自主——技术跨越模式研究》，《科技管理研究》，2004 年第 1 期。

[37] 王孔雀：《走中国式的跨越发展道路——跨越式发展新论举

要》，《前沿》，2007 年第 3 期。

[38] 李正卫：《技术跨越理论述评及其对我国技术跨越的启示》，《自然辩证法通讯》，2005 年第 2 期。

[39] 蔡春驰：《学习型都市建设的信息化策略》，《教育评论》，2011年第 4 期。

[40] 陈东灵：《电子政务外包的最优激励契约设计》，《商业研究》，2011 年第 9 期。

[41] 陈弘：《信息化条件下服务业价值链优化设计》，《商业时代》，2010 年第 14 期。

[42] 陈红艳：《低碳经济背景下江西工业园区生态环境保护的法律思辨》，《特区经济》，2011 年第 6 期。

[43] 陈火全：《ECFA 时代两岸信息产业合作研究》，《宏观经济研究》，2011 年第 2 期。

[44] 陈亮：《信息基础设施与经济增长——基于中国省际数据分析》，《管理科学》，2011 年第 1 期。

[45] 陈明：《轨道交通装备制造企业两化融合问题探讨》，《改革与战略》，2010 年第 9 期。

[46] 陈明亮：《电子政务客户服务成熟度与公民信任的关系研究》，《管理世界》，2009 年第 2 期。

[47] 陈伟：《加快智能交通建设　构建可持续发展交通体系》，《经济纵横》，2010 年第 2 期。

[48] 陈文理：《美国信息基础设施发展中的政府行为及其借鉴》，《湖北社会科学》，2011 年第 1 期。

[49] 陈文理：《信息基础设施领域政府行为偏差的现实和理论逻辑》，《湖北社会科学》，2009 年第 10 期。

[50] 陈晓芳：《我国电子政务信息安全问题研究》，《管理世界》，2007 年第 12 期。

[51] 陈晓华：《论后危机时代新兴产业崛起下信息产业的转型——以广西为例》，《企业经济》，2011 年第 7 期。

[52] 邓诗：《信息化与鄱阳湖生态经济区旅游业发展问题研究》，《求实》，2011 年第 5 期。

[53] 丁志卿：《高等教育信息化资源建设的对策探讨》，《对外经贸实务》，2010 年第 2 期。

[54] 杜溪源：《成都：实施网格化管理　完善劳动保障监察工作》，《中国劳动》，2007 年第 5 期。

[55] 范德明：《电子商务信息安全技术研究》，《商场现代化》，2007 年第 4 期。

[56] 高玉荣：《智能交通产业化发展的政策支持研究》，《科技管理研究》，2010 年第 1 期。

[57] 高玉荣：《智能交通产业价值链的构成及其整合研究》，《中国科技论坛》，2007 年第 12 期。

[58] 关国华：《电子政务背景下我国行政领导干部责任性问题探讨》，《管理世界》，2007 年第 6 期。

[59] 郭怀英：《宏观经济管理》，《注重以信息化促进服务业现代化》，2007 年第 3 期。

[60] 何军：《网格化管理中的公众参与——基于北京市东城区的分析》，《北京行政学院学报》，2009 年第 5 期。

[61] 胡世锋：《电子商务信息安全问题解析》，《中国商贸》，2010 年第 8 期。

[62] 胡新：《基于社会环境视角的区域"两化融合"评价研究——

以陕西为例》,《科技进步与对策》,2011 年第 10 期。

[63] 蹇洁:《基于 AHP 的社区信息化水平评价》,《情报杂志》,2009 年第 S1 期。

[64] 江勇:《上海车联网概念落地》,《中国经济和信息化》,2011 年第 9 期。

[65] 蒋水林、邓云岚:《上海联通为智慧城市提速》,《人民邮电报》,2011 年 6 月 21 日。

[66] 李昌和:《我国农民养老保险转接的现实难题与破解对策》,《理论导刊》,2011 年第 7 期。

[67] 李鹏:《我国城市网格化管理研究的拓展》,《城市发展研究》,2011 年第 2 期。

[68] 李平:《基础设施与经济发展的文献综述》,《世界经济》,2011 年第 5 期。

[69] 李遵白:《基于技术路线图的物联网产业布局研究》,《企业经济》,2011 年第 6 期。

[70] 廖钟迪:《欠发达地区旅游信息化建设研究——以广西为例》,《安徽农业科学》,2011 年第 11 期。

[71] 刘春年:《数字社区市场的发展及探索》,《情报杂志》,2007 年第 4 期。

[72] 栾贵勤:《我国城市流动人口管理服务机制研究》,《工业技术经济》,2007 年第 2 期。

[73] 罗昌财:《外来人口管理与服务的改革探讨——以厦门市为例》,《农村经济》,2010 年第 2 期。

[74] 马海群:《俄罗斯联邦信息安全立法体系及对我国的启示》,《俄罗斯中亚东欧研究》,2011 年第 3 期。

[75] 强爽：《国家信息安全发展战略代价研究》，《中国软科学》，2009 年第 S1 期。

[76] 乔生：《后危机时代产业振兴与环境保护》，《山东社会科学》，2010 年第 6 期。

[77] 区晶莹：《基于结构方程模型的广东农村社区信息化服务满意度分析》，《广东农业科学》，2011 年第 16 期。

[78] 任俊正：《支撑装备制造业振兴：两化融合发展测评研究》，《经济与管理研究》，2009 年第 6 期。

[79] 尚小溥：《信息安全：意义、挑战与策略》，《南京政治学院学报》，2010 年第 1 期。

[80] 时光：《论电子政务与有限政府》，《中国经贸导刊》，2009 年第 20 期。

[81] 宋超：《高校教育信息化建设系统工程文献综述》，《经济研究参考》，2011 年第 36 期。

[82] 唐玲：《社会保障信息化建设亟待加强》，《中国经贸导刊》，2010 年第 17 期。

[83] 田野：《网络时代如何做好旅游产品的品牌营销》，《中国商贸》，2011 年第 15 期。

[84] 汪楠：《医院信息化管理中的 RFID 解决方案》，《中国物流与采购》，2007 年第 12 期。

[85] 王天梅：《电子政务实施成效关键影响因素的实证研究》，《经济管理》，2010 年第 9 期。

[86] 王喜：《现代城市管理新模式：城市网格化管理综述》，《人文地理》，2007 年第 3 期。

[87] 王兆峰：《信息化与旅游产业发展》，《商业研究》，2011 年第

3 期。

[88] 文峰:《特区经济》,《广东电子信息产业发展的竞争力分析》,2011 年第 5 期。

[89] 吴坤:《以信息化促进农村剩余劳动力转移》,《调研世界》,2009 年第 12 期。

[90] 吴利明:《统筹城乡养老保险制度的差异现状及实现路径》,《商业时代》,2011 年第 11 期。

[91] 吴玲:《气象法律成本缺失的经济学分析——以气象探测的环境保护为视角》,《企业经济》,2011 年第 7 期。

[92] 夏侯雪娇、肖淑芬:《办公自动化系统的应用研究》,《中国市场》,2007 年第 52 期。

[93] 肖忠东:《现代工业制造模式发展研究》,《科技进步与对策》,2009 年第 22 期。

[94] 徐强:《电子政务流程再造的绩效评估体系构建》,《经济体制改革》,2010 年第 5 期。

[95] 闫玉华:《大中型医院信息化管理研究》,《财会通讯》,2011 年第 22 期。

[96] 叶菁:《公共就业与人才服务信息化建设》,《人民论坛》,2011 年第 17 期。

[97] 于瑞均:《信息技术在医疗保险事业中的应用研究》,《科技管理研究》,2009 年第 11 期。

[98] 余芳:《基于旅游目的地营销系统的旅游者行程规划功能设计探讨》,《江苏商论》,2011 年第 8 期。

[99] 袁莉:《中国钢铁工业信息化发展战略研究》,《科学管理研究》,2007 年第 1 期。

[100] 曾凡华：《上海、广州人口管理经验及给我们的启示》，《特区经济》，2007 年第 3 期。

[101] 曾煜情：《基于医院信息平台的财务管理系统构建》，《财会通讯》，2009 年第 32 期。

[102] 张涤：《浅谈科技在环境保护中的作用》，《农业经济》，2011 年第 7 期。

[103] 张旭：《新型农村合作医疗制度实施的建议》，《西南金融》，2007 年第 10 期。

[104] 张勇进：《国家电子政务统一网络空间：内涵、框架及建构》，《中国行政管理》，2011 年第 8 期。

[105] 赵蔷：《基于校园网的教育信息化的探讨》，《职业时空》，2007 年第 18 期。

[106] 赵素英：《基于职业教育要求　探究教学信息化趋势》，《职业时空》，2007 年第 16 期。

[107] 张新民：《中国农业信息化发展的现状与前景展望》，《农业经济》，2011 年第 8 期。

[108] 周艳妮：《国外绿色基础设施规划的理论与实践》，《城市发展研究》，2010 年第 8 期。

[109] 周玉建：《信息安全对推进电子政务发展影响分析》，《中国科技论坛》，2011 年第 9 期。

[110] 邹凯：《社区信息化服务顾客满意度（CSI）分析》，《图书馆论坛》，2007 年第 5 期。